KB254062

대한민국의 성공 리더들은 어떻게 탄생했나?

대한민국
성공코드

대한민국의 성공 리더들은 어떻게 탄생했나?

대한민국
성공코드

이른아침

현장을 누비며 일선에서 기자로 활동하던 시절에 나는 무수히 많은 인생의 빛과 그림자를 목격했다. 밑바닥에서 출발하여 최고의 지위에 오른 그야말로 입지전적인 사람, 죽음의 문턱을 스스로 넘어서 새로운 삶을 개척해 나간 사람, 남들은 상상할 수 없을 정도의 집념과 노력으로 업계의 신화를 다시 쓴 사람 등이 바로 그들이다. 그렇게 성공한 사람들의 삶은 좋은 취재거리이기도 했지만 동시에 그들의 발자취는 나의 삶을 되돌아보게 만드는 정신적인 자극제가 되어 새로운 희망과 용기를 안겨주기도 했다.

2004년 4월, 『우연한 성공은 없다』 시리즈의 첫 번째 책이 세상에 모습을 드러냈을 때 많은 독자들이 '현업에서 활동하고 있는 사람들의 성공 스토리를 실감나게 교훈적으로 잘 다루었고, 그들이 살아온 과정을 보면서 많은 것을 배웠다' 라며 칭찬과 격려를 아낌없이 보내주었다. 그 후 3년 6개월이라는 대장정大長征을 거쳐 『우연한 성공은 없다』 시리즈의 세 번째 책까지 모두 출간된 이후, 더 많은 독자들에게 성공의 노하우를 알려주기 위해 이 시리즈 속에 등장한 주인공들이 어떻게 성공을 이루게 되었는가를 집약한 이 책『대한민국 성공코드』를 집필하게 되었다.

실패하는 사람에게 실패하는 이유가 있듯 성공하는 사람에게는 성공하는 이유가 있다. 나는 이 같은 명제가 진리임을, 나아가 성공은 우연히 찾아오지 않고 오랜 시간 준비한 사람에게만 다가온다는 것을 확인시켜 주고 싶었다. 이를 '성공학'이라는 학문으로 정립시키기에는 아직 무리가 있겠지만 성공한 사람들의 발자취를 사례별로 대중에게 소개하는 것은 어렵지 않다는 생각에 한 권으로 묶게 된 것이다.

인생을 사는 동안 시행착오를 줄이는 가장 좋은 방법은 성공한 사람의 삶을 벤치마킹하는 것이다. 따라서 여기에서 제시하는 성공스토리가 여러분 삶의 방향에 작은 나침반이 되리라 확신한다.

이 책은 필자의 저서『우연한 성공은 없다』시리즈 세 권에 소개됐던 주인공 스물한 명의 성공 이야기 중에서 교훈적인 부분만 발췌한 뒤, 평소에 필자가 읽었던 책이나 블로그를 통해 모아두었던 각종 자료를 토대로 본문과 연관된 명언을 곁들이는 형식으로 꾸몄다. 수록된 글도 주인공들에 의해 이미 검증된 성공 사례들이기 때문에 독자들이 삶의 지침서나 인생의 내비게이션으로 활용해도 전혀 손색없는 것들이다. 내용 역시 먼 옛날 위인들의 이야기가 아니라 우리와 동시대를 살아가는 리더들이 고난과 역경을 딛고 일어선 생생한 체험담을 정리한 것들이어서 훨씬 가슴에 와 닿을 것이라 확신한다.

책을 읽으면서 이러한 성공 사례를 형태별로 잘 기억했다가 일상에서 접목시키는 노력을 반복적으로 습관화한다면 '성공'이라는 관문에 어느

새 자연스럽게 다가서는 자신의 모습을 보게 될 것이다.

성공학 강사인 필자는 '위대한 단순'이라는 말을 좋아한다. 혹자는 '단순한 것이 어떻게 위대할 수 있느냐'고 이의를 제기할지 모르겠다. 그러나 꿈을 갖고, 그 꿈을 이루기 위한 구체적인 목표를 설정한 뒤, 이를 달성하기 위해 습관적으로 노력하는 '위대한 단순'이 하나 둘 차곡차곡 쌓이다 보면, 결국은 이러한 것들이 모여 성공이라는 성과물을 만들어내게 된다. 그런 면에서 볼 때 성공으로 다가서는 '위대한 단순'의 한 걸음 한걸음은 모든 것에 앞서 가장 기본이 되는 성공 철학이 될 것이다.

끝으로 이 책에 소개된 김기문 중소기업중앙회장 겸 로만손 회장, 김봉수 키움증권 부회장, 김상면 자화전자 대표, 김원용 세미텍 대표, 김주일 금성건설 대표, 박병상 청천재활원장, 박재갑 초대 국립암센터 원장, 염홍철 전前 대전광역시장, 오대호 정크아트 대표, 오수철 비락우유 증평대리점 대표, 이원종 전 서울시장, 이현재 전 중소기업청장, 정구용 인지그룹 회장, 정귀래 전 농수산물유통공사 대표, 정봉규 지엔텍홀딩스 회장, 정삼수 상당교회 담임목사, 정우택 충북도지사, 정종택 전 내무부장관, 홍재형 국회의원이상 가나다 순서임 등 주인공 모두에게 다시 한 번 감사의 말씀을 드린다.

사람들은 누구나 성공을 꿈꾼다. 그러나 남모를 고통과 피눈물 나는 노력을 하지 않고 성공이라는 값진 열매를 수확할 순 없다. 나아가 아무리 좋은 성공담도 내 것으로 소화해서 실천하지 않으면 무용지물이 된다. 따라서 배움의 시작은 독서로 하지만 마무리는 자신이 직접 행동으로 옮겨야 결실을 거둘 수 있을 것이다.

꿈을 가져라.

구체적인 목표를 설정하라.

습관적인 노력을 반복하라.

성공을 꿈꾸는 사람들에게, 새로운 희망과 자극이 필요한 사람들에게 자신 있게 이 책을 권한다.

2009년 10월

문담 門潭 정문섭

인생을 승리로 이끄는 9가지 성공 DNA

5장
성공한 사람이 들려주는 **성공 철학**

인간 관리

1장

정상에 오르는 세 개의 계단

첫 번째 계단 **꿈**
두 번째 계단 **구체적 목표**
세 번째 계단 **습관적 노력**

● ● ●

성공은 우연히, 단박에 얻어지는 것이 결코 아니다. 꿈과 목표, 실천을 향한 노력이 결여된 성공은 어디에도 없다. 성공하는 모든 사람에게는 반드시 거쳐야 하는 단계들이 있으며, 이를 가장 간단히 요약하면 꿈, 구체적 목표, 습관적 노력의 3단계라고 할 수 있다.

대한민국의 리더가 된 성공인들은 과연 어떤 꿈을 꾸고, 어떻게 목표를 구체화했으며, 어떤 노력을 얼마나 기울인 것일까?

첫 번째 벤치 마킹을 시작해 보자.

꿈은 이루어진다

학창시절 내 꿈은 서울로 가는 것이었다. 마루 끝에 앉아 하늘을 보아도 구름은 서울로 흘러가고 있었고, 멀리서 기적을 울리며 달리는 철마(鐵馬)도 서울로 향해 가고 있었다. '말은 태어나면 제주도로 보내고 사람은 태어나면 서울로 보내라'는 속담을 되새기며 서울로 가야 꿈을 이루고 행복한 미래가 열린다고 믿었지만 고등학교를 졸업할 무렵에도 가정형편은 나아지지 않아 결국 나는 서울로 진학하는 꿈을 접어야 했다.

_이원종(前 서울시장)

4·19혁명으로 전국 대학에 휴교령이 내려지자 서울로 유학을 갔던 친구들이 고향에 내려왔다가 모두들 우르르 그에게 몰려들었습니다. 멋진 대학 교복을 입은 친구들은 그가 전혀 듣도 보도 못했던 대학에서 배운 학문과 서울 생활을 화제로 이야기꽃을 피웠습니다.

흙 묻은 작업복에 새카맣게 그을린 얼굴로 친구들의 이야기를 듣던 그에게 갑작스레 감당키 어려운 열등감이 엄습해 왔습니다. 함께 고등학교를 다니던 시절에는 그런 적이 없었는데, 친구들과 달리 고향에 남아 소를 기르고 농사를 짓다가 대학생이 된 그들을 보자 좌절감이 몰려들었습니다. 친구들이 돌아간 그날 밤 결심했습니다.

"그래, 나도 반드시 대학에 가고야 말겠어."

먼지가 뽀얗게 내려앉은 책을 꺼내어 공부를 다시 시작했지만 집안 형편은 연말이 다가와도 좀처럼 나아지지 않았습니다. 그러나 고민하던 그에게 한줄기 빛처럼 다가온 희망이 있었으니 바로 국립체신대학의 학생 모집 공고였습니다. 당시 체신대학은 2년제였는데 성적 우수자는 등록금 면제, 장학금 지급, 기숙사 입주라는 파격적 조건에다가 졸업 후 취업이라는 일석사조一石四鳥의 신바람 나는 의무(?)까지 내걸었습니다.

하늘이 무너져도 솟아날 구멍은 있다는 생각에 그는 곧바로 입학원서를 제출했습니다. 고사장 배치표를 보니 장학생은 20명을 뽑는데 수험생은 800여 명이 몰려들어 경쟁률이 자그마치 40대 1이 넘었습니다.

입학시험 첫 교시, 국어 과목은 나름 자신 있었지만 처음 접하는 몇 개의 생소한 문제 때문에 그는 무척 당황했습니다. 그러나 곧 '이왕 서울까지 왔으니 최선을 다하자'며 시험문제를 하나하나 풀어나갔습니다. 집에 와서 채점해 보니 자신이 없었던 수학은 오히려 만점을 맞은 것 같았습니다. 그러나 발표일이 지나도 합격 소식은 날아들지 않았습니다. 마음을 졸이며 초조하게 며칠을 보낸 그는 학비 부담 없고 조건 좋은 다른 대학을 다시 알아보기 위해 모교인 제천고등학교를 찾아갔습니다. 그런데 이게 웬일입니까.

"원종아 축하한다! 그 어려운 시험에 합격하다니!"

그를 보자마자 담임선생님은 악수를 청하며 크게 기뻐하셨습니다. 직접 합격 전보를 확인하고 싶었던 그는 그 길로 10킬로미터나 떨어진 봉양우체국으로 뛰어갔습니다. 그곳에는 눈길에 막혀 전달되지 못한 체신대학 합격 전보와 대학에서 보낸 우편물 봉투가 거짓말처럼 그를 기다리고 있었습니다.

한 수 앞을 내다보라

권력을 잡으려면 정치를 해야 하고, 돈을 벌려면 사업을 해야 하고, 경영인이 되려면 경영 수업을 받아야 한다. 무언가를 하기 위해선 그에 걸맞는 목표를 설정하고 한 우물을 파야 한다. 그렇지 않고 환경을 탓하며 우왕좌왕 하다 보면 시간만 낭비하게 된다. 물론 새로운 길을 찾아 나설 수 있다면 다행이지만 이미 한쪽 방향으로 깊이 들어섰다면 그곳에서 몇 수 앞을 내다보면서 성공을 향한 변화를 모색해 나가야 한다.

_정귀래(前 농수산물유통공사 대표)

1967년, 정귀래 전 농수산물유통공사 대표는 비료회사에 취직했습니다. 하지만 그 회사에서는 자신의 원대한 꿈을 펼치기 어렵겠다는 생각이 들었습니다. 그러던 차에 '코트라KOTRA, 대한무역투자진흥공사'에서 수출정보센터를 신설하고 경력직 사원을 모집한다는 소식을 듣고 그곳에 응시해 합격하게 됩니다. 그 무렵만 해도 일반인이 외국에 나가기란 쉽지 않았기에 해외에 주재하면서 지구촌 구석구석을 마음껏 돌아다니며 시야를 넓힐 수 있다는 것은 선택된 사람들의 삶처럼 비쳐졌습니다. 그 역시 이런 생활에 큰 보람을 느꼈습니다.

코트라는 국내 2년, 해외 3년을 주기로 순환 근무를 반복하는데 해외

근무를 다섯 차례나 반복하다 보니 친구들과의 교류는 자연히 소원해졌으나 대신 조직 내에서 최연소 임원으로 승진을 거듭하면서 상사들에게 인정을 받을 수 있었습니다.

주변을 돌아보면 생각 없이 하루를 대충대충 살아가는 사람들이 상당히 많습니다. 인생에서 성공하기를 바란다면 적어도 4, 5년 후, 아니면 10년 뒤의 내가 어떤 모습으로 살아갈지를 늘 머릿속에 그리며 살아가야 합니다. 코트라에서 근무하는 동안 그는 해외에서의 생활을 뉴욕에서 마무리를 짓겠다는 구상을 꽤 오랜 시간 했는데 실제로 그 꿈을 이뤘고, 나아가 뉴욕에서 해외생활을 마친 뒤에는 공기업 CEO 자리에 올랐습니다.

남보다 앞서려면 항상 자기가 처한 현재의 상황보다 나아지겠다는 생각과 꿈을 머릿속에 가져야 합니다. 그런 다음에 앞으로 어떻게 살아갈 것인가에 대한 중장기적인 목표를 세우고 인생을 설계하면서 디자인해 나가야 합니다.

직장생활을 하는 동안 그는 그때그때에 연연하지 않고 항상 한 수 앞을 더 내다보려고 노력했습니다. 정귀래 전 대표는 주변상황이 바뀌면 여건에 맞게 자신이 디자인한 인생 계획을 다시 수정하고 새로운 목표를 설정한 뒤 이를 달성하기 위해 노력했습니다.

최근 각 기업이나 관공서에서 화두話頭로 삼고 있는 '혁신'이라는 개념도 한 수 앞을 내다보려는 노력의 일환이라고 할 수 있습니다. 그가 최연소의 나이에 임원이 되고 공기업의 CEO를 맡을 수 있었던 것도 사실은 몇 수 앞을 내다보려는 노력의 과정에서 얻은 것들입니다.

자기 삶은 스스로 디자인해야 합니다. 상대를 따라가다 보면 상대방의 페이스에 말려들지만 스스로 전략을 짜고 이에 걸맞게 디자인을 하면 상대를 제압할 수 있습니다. 바둑은 상대보다 한 수 앞을 더 읽어야 이길 수 있습니다. 인생도 즉흥적인 삶보다는 몇 수 앞을 내다보며 최선을 다하는 자세가 중요합니다.

비전이 있는 사람은 말은 적으며 행동은 많이 한다. 몽상가는 말은 많으나 행동은 적다. 비전이 있는 사람은 자기 내면의 확신에서 힘을 얻는다. 몽상가는 외부 환경에서 힘을 찾는다. 비전이 있는 사람은 문제가 생겨도 계속 전진한다. 몽상가는 가는 길이 힘들면 그만둔다.

—존 맥스웰, 『리더가 알아야 할 7가지 키워드』 중에서

꿈은 희망을 낳고, 희망은 목표를 낳고

영국의 윌슨 수상은 취임 후 첫 번째 가진 기자회견에서 자신은 어릴 때부터 수상 관저를 자기 집으로 생각해 왔다고 밝혔다. 그는 아버지가 열 살 때 자신을 수상관저 앞에서 포즈를 취하게 한 다음 사진을 찍어주시면서 "앞으로 이 집이 네 집이 될 것이야"라고 한 그 한마디가 일생동안 꿈이 되어왔고, 오늘 비로소 그 꿈이 실현된 것이라고 술회한 적이 있다. 나는 청소년에게 꿈과 희망을 심어주기 위해 틈이 날 때마다 이들 앞에서 특강을 해왔다. 인간이라면 누구나 자기가 이루고자 하는 꿈과 야망을 가져야 한다.

_이원종(前 서울시장)

성공한 사람들의 일반적인 특징은 꿈을 갖고 있다는 것입니다. 꿈을 갖고 그 꿈을 이루기 위해 끊임없이 노력하다 보면 윌슨 수상처럼 꿈을 이룰 수 있습니다. 괴테는 "꿈을 간직하고 있으면 반드시 실현할 때가 온다"고 했습니다. 인생에서 성공하기를 바란다면 먼저 꿈을 가져야 합니다.

길은 원래 처음부터 있었던 것이 아닙니다. 아무것도 없는 곳에서 길이 시작됐듯, 꿈도 먼저 꾸는 사람이 그 꿈을 현실로 만드는 것입니다. 물도 어디에 담느냐에 따라 품격이 달라집니다. 밥그릇에 담은 물과 물동이에 담은 물의 양이 다르듯, 물은 담는 그릇의 형태에 따라 시냇물도 되고 강물도 되고 바닷물도 됩니다. 사람도 각자 꿈을 꾸는 그릇의 크기에 따라 인생의 향방이 결정됩니다.

성공하기를 바란다면 먼저 자기 분야에서 최고가 되겠다는 꿈을 꾸어야 합니다. 꿈을 꾼다는 것은 희망을 잉태하는 일입니다. 과거에는 한계 상황이 지금보다 더 극심했으며 스스로 해결하거나 누군가 도와주지 않는 한 해결할 길조차 없었습니다. 반면에 지금은 자선단체와 복지시설, 각종 구휼기관과 장학지원제도 등이 곳곳에 널려 있습니다. 이런 여건 속에서 청소년들이 경제적 어려움을 극복하지 못하고 좌절해서는 안 됩니다.

또한 지도자라면 자신의 꿈을 모두의 꿈으로 만들기 위해 조직구성원과 꿈을 공유해야 합니다. 한 사람의 꿈은 실천에 옮기지 않으면 단순히 꿈으로 끝날 수 있지만 만인萬人이 공유한 꿈은 반드시 현실이 되기 때문입니다.

성공을 부르는 한마디

1963년 당시 16세의 빌 클린턴은 민간훈련기구인 '보이스 네이션(Boys Nation)'의 대표로 뽑혀 워싱턴에 갔다. 각 주를 대표한 소년들은 당대 대통령이었던 케네디와 악수를 나눴는데, 당시 상황을 기록한 영상과 사진 자료를 통해 케네디와 어린 클린턴이 악수하면서 마주 보고 웃는 장면이 대중에게 공개되었다. 클린턴이 미국의 대통령이 되겠다는 꿈을 키우기 시작한 것은 케네디와 악수했던 그날부터라고 한다.

—에드윈 무어, 『그 순간 역사가 움직였다』 중에서

성공한 내 모습을 상상하라

체신대학을 졸업하고 전화국에 취업하여 첫 번째 맡은 일은 공중전화의 동전을 수거하는 일이었다. 그러나 이는 시골에서 농사를 짓는 일보다 더 고된 중노동이었다. '우리 아들 출세했다고 좋아하시던 부모님께서 지금 내 모습을 보시면 얼마나 상심해 하실까?' 하고 생각하니 눈앞이 캄캄해졌다. 고민스런 나날을 보내던 나는 동기생 세 명과 함께 행정고시에 도전하기로 결심했다. 지금 생각해 보면 그것은 무모할 정도의 도전이었다.

_이원종(前 서울시장)

체신대학을 졸업한 이원종 전 서울시장은 전화국 공무원이 되어 일을 시작했습니다. 하지만 동전을 수거하는 단순한 일만으로 청춘을 허비할 수는 없었고, 그래서 새로운 꿈을 꾸기 시작했습니다. 행정고시에 도전하기로 한 것이었습니다.

구겨진 자존심을 회복하고 깨어진 꿈을 다시 이루자는 그의 결의는 좋았으나 생업과 학업을 함께 하면서 또다시 하나의 목표를 향해 뛴다는 것은 오기에 속할 만큼 지나친 욕심이었습니다. 이때부터 낮에는 우체국에서 일하고 밤에는 행정고시를 준비하는 주경야독의 생활이 시작됐습니다.

주말마다 그는 예외 없이 도서관에 파묻혀 살았습니다. 하루 종일 책과 씨름하다 땅거미가 질 무렵 도서관을 나서면 종일토록 앉아만 있던 다리가 후들후들 떨려왔습니다. 집으로 돌아가는 길에 등산을 다녀오는 연인들과 거리에서 마주칠 때면 그들의 모습이 한없이 부럽기도 했습니다. 그럴 때마다 그는 속으로 이렇게 외쳤습니다.

'녀석들아! 너희들은 오늘 하루를 소비했지만 나는 내일을 위한 성城을 쌓았다. 그러니 너희들은 지금 나한테 지고 있는 거야!'

그러면서 힘들고 지치는 순간이 찾아오면 그는 희망을 이루었을 때의 모습, 고시에 합격했을 때의 모습을 상상하며 힘을 냈습니다. 그러나 인간은 원래 나약한 존재인지라 굳게 세웠던 의지가 흔들리기도 하고 좌절감에 빠지기도 한 적이 한두 번이 아니었습니다.

'1차 실패, 2차 낙방, 3차 불합격.'

그래도 그는 포기하지 않고, 넘어졌다고 생각되는 순간을 언제나 새 출발의 시발점으로 삼자고 동기생들끼리 격려하면서 또다시 도전에 나섰습니다. 결국 네 번에 걸친 기나긴 도전 끝에 제4회 행정고시에서 체신대학 동기 네 명 모두가 합격했습니다.

전화국에서 근무할 때보다 네 계단 직급이 승진한 그는 사무관으로서 서울시청의 시정연구계장으로 발령받았으며, 그 후 주요부서와 구청장 등을 거친 뒤 서울시장과 충북도지사를 역임하며 공직사회에서 봉사할 수 있었습니다.

　발명왕 에디슨은 연구를 포기하는 것을 미연에 방지하기 위해 꿈을 이룬 후의 모습을 상상하여 글로 적어놓았다고 합니다. 그는 전구를 발명했을 때 나타날 파생효과들을 노트 아홉 페이지에 빼곡히 써놓고, 실험이 수백 번의 실패에 부딪칠 때마다 처음에 나열했던 전구 발명의 파생효과들을 읽어보며 포기하고 싶은 유혹을 참아냈습니다. 그처럼 집념을 불태운 결과 그는 마침내 전구를 발명하게 되었던 것입니다.

구체적인 목표를 설정하라

처자식 모두가 나만 바라보고 있는 상황에서 가장(家長)이 목표의식도 없이 살아간다는 것은 성공 여부를 떠나 정신 자세의 문제라는 생각이 들었다. 그래서 설정했던 목표가 하루 5,000개 이상 우유를 납품하겠다는 결심이었다. 나는 지역에서 가장 잘나가는 S우유를 경쟁 상대로 삼고 이들보다 더 많은 우유를 팔 것을 결심했다. 이를 위해 관내 34개 학교 전체에 우유를 납품하겠다는 구체적인 목표를 세웠다.

_오수철(비락우유 증평대리점 대표)

IMF 광풍狂風이 몰아치던 1998년 12월, 친구의 보증을 선 것이 화근이 되어 오수철 대표는 아파트 세 채를 모두 경매로 날리고 2억 원의 부채까지 떠안게 되었습니다. 게다가 운영하고 있던 슈퍼마켓도 대형 마트들이 속속 들어서면서 적자로 돌아서는 바람에 정리를 했으니 그가 일어설 수 있는 발판이라고는 오로지 마지막으로 남은 우유대리점 하나뿐이었습니다.

우유대리점이 판로를 확보하는 방법은 세 가지가 있습니다.

하나는 아침마다 가정집에 우유를 나르는 가정배달이고, 다른 하나는 학교를 통해 학생에게 제공하는 납품우유, 마지막은 슈퍼에 시판하는 것입니다. 시장조사를 거쳐 마케팅 전략을 수립한 그는 앞으로의 대리점 영업목표를 학교납품 쪽에 두고 집중공략하기로 하고, 하루에 100여 개 배달이 전부였던 우유 배달을 5년 뒤에는 하루 5,000개를 납품하는 대리점으로 만들겠다는 구체적인 목표를 세웠습니다. 그리고 정확히 4년째 되던 해에 그는 목표의 98퍼센트를 달성했습니다.

사람이 목표를 설정해 놓고 꿈을 향해 열심히 뛸 때는 힘이 드는 줄도 모르지만 어느 정도 목표가 달성되면 정신자세가 조금은 흐트러질 수 있습니다.

그렇다고 오늘 할 일을 내일로 미루는 것은 성공하는 사람의 올바른 자세가 아닙니다. 당장 해야 할 일을 내일로 차일피일 미루는 것은 그 자체가 정신이 해이해졌음을 뜻하기 때문에 자신을 채찍질하면서 궤도를 수정해야 합니다.

오수철 대표는 자식과 직원들에게 세상에 대해 야박하다고 생각하지 말라고 늘 이야기합니다. 사람들이 그렇게 느끼는 것은 노력은 하지 않고 바라는 것이 너무 많기 때문이라는 것입니다. 세상은 모든 이에게 공평하며 뿌린 대로 거두어들이는 법입니다.

그는 대리점을 운영하면서 구체적인 목표를 설정하고 이를 달성하기 위해 열심히 노력하다 보면 반드시 성과를 얻을 수 있다는 사실을 경험으로 배웠습니다.

이제는 친구 때문에 지게 된 빚도 모두 갚았고, 아파트 세 채도 다시 사들였습니다. 우리나라에서 규모가 가장 작은 지방자치단체인 증평군에서 급식우유 전국 매출 1위라는 대리점 신화도 이룩했습니다. 그러나 그는 이에 만족하지 않고 지금은 하루 목표를 3만 개로 상향조정해서 이를 달성하기 위해 오늘도 영업 현장을 누비고 있습니다.

아빠가 아빠 노릇을 제대로 하지 못하면 가족의 의미는 엷어진다. 아빠가 든든하게 아빠 노릇을 할 때 그 가족도 더욱 소중하게 느껴지고 의미도 살아난다.

—조용모, 『백만 번의 프로포즈』 중에서

달성 가능한 수치를 제시하라

치열해진 경쟁 사회에서 살아남으려면 자신만의 업무 영역과 성과 목표를 수립해야 한다. 그러기 위해서는 무엇보다 주변 환경을 철저하게 분석하고 정확한 진단을 내려야 이를 토대로 구체적인 목표를 세우고 전술도 수립할 수 있다. 목표를 세울 때는 자신이 속한 분야와 경쟁 영역의 제반 상황도 면밀하게 살펴야 한다. 그런 다음에 무엇을 선택해서 어떻게 집중적으로 공략할 것인지를 결정해야 한다.

_김봉수(키움증권 부회장)

직업을 선택할 때는 직업의 매력, 경쟁 요인, 자신과의 적합성 등을 필수적으로 고려해야 합니다.

직업의 매력은 장기적으로 그 분야가 앞으로 얼마나 성장할 것이며 이 분야에 대한 수요가 어느 정도인지도 꼼꼼히 살펴야 합니다. 또한 현재의 경쟁자가 누구이고 잠재적인 경쟁자가 누구인지도 파악해야 합니다. 자신과의 적합성을 통해 목표를 어느 정도 달성할 수 있을지, 자신의 능력은 얼마나 펼칠 수 있을지 점검해 보아야 합니다.

직업을 선택했다면 이제 그 영역에서 어떻게 자리를 잡을 것인지를 생각해야 합니다.

최근 들어 여러 기업체에서 '사원이 기업의 주인'이라는 모토 하에 직원의 애사심과 사기를 진작시키는 각종 프로그램을 다양하게 운영하고 있습니다. 키움증권도 직원에게 구체적인 목표를 제시하고 이를 달성했을 때는 반드시 보상해 주는 '명확한 목표 설정'과 '화끈한 사기 진작' 제도를 시행하고 있습니다.

예컨대, 일전에 업계 시장점유율 3퍼센트를 달성하자는 명확한 목표 수치가 전 직원에게 제시되었고 이것이 달성되던 날 오후, 전 직원들은 호프집에 모여 그간의 노고를 치하 받으며 50~100만 원에 달하는 보너스를 받았습니다.

보너스로 인해 직원들의 사기가 하늘을 찌른 것은 말할 필요도 없을 것입니다. 그 후에도 주간단위 미팅을 통해 목표 수치를 수차례에 걸쳐 상향조정하였고 실천 가능한 목표치를 제시해 주며 이를 달성하도록 유도했습니다.

불가능한 수치를 제시하면 아예 포기하는 경향이 있기 때문에 목표는 항상 달성 가능한 수치를 제시해야 합니다. 그리고 이를 달성했을 때 크든 작든 보상을 해주면 이를 계기로 전 직원의 업무 신장도 되고 결속력도 높아지게 됩니다.

실천 가능한 목표 수치를 10회 이상 수정 변경하여 제시하는 동안 키움증권은 어느새 조직이 계획했던 목표를 자연스럽게 달성하면서 괄목할 만한 성장을 거듭해 왔습니다.

이처럼 시스템을 통해 '명확한 목표'를 설정하고 '화끈한 사기 진작' 을 시도하면 전 직원들도 목표 달성에 총력을 집중하게 되고, 조직 원들은 자발적으로 새로운 아이디어를 끊임없이 찾아내어 발전하게 됩니다.

부하 직원의 마음을 헤아려주고 스스로 결정하게 하라. 따듯한 말 한마디가 기적을 이룬다. 잘한다고 칭찬하면 영업사원들의 성적이 좋아진다. 사원들을 긴장, 긴장, 또 긴장을 시켜라.

—고양명, 『영업의 핵심』 중에서

목표는 치밀하게 세워라

급식우유를 공급하는 대리점들은 방학이 되면 학교배달이 없기 때문에 대부분 한가한 시간을 보낸다. 그러나 방학이 되면 나는 오히려 개학 무렵보다 더 바빠진다. 물론 우리도 학교를 상대로 한 배달이 쉬는 것은 마찬가지다. 반면 나는 이 기간 동안 거래처에 대한 정보를 수집하고 이들과 긴밀한 유대관계를 갖는 시간으로 활용하기 때문에 눈코 뜰 새 없이 분주한 나날을 보낸다.

_오수철(비락우유 증평대리점 대표)

방학이 시작되면 당분간은 학생도 선생님도 한가한 시간을 보내게 됩니다. 그러나 우유대리점의 입장에서 보면 방학은 충분한 시간을 갖고 그들과 대화를 나누며 유대관계를 쌓을 수 있는 절호의 기회입니다.

방학을 했더라도 학교에 등교하는 아이들과 교사들이 있습니다.

오수철 대표는 그 점을 놓치지 않고 방학 중에 학교에 갈 때면 항상 우유를 가지고 갔습니다. 그는 출출함을 느끼는 오후 서너 시에 맞춰서 학교를 방문했는데 우유의 고소한 맛을 느낄 수 있게끔 따뜻하게 데운 우유를 가져갔습니다.

이렇게 데워온 시식용 우유를 권하면서 '학교급식 납품용 제품'이라고 설명하면 대부분의 학생과 선생님은 맛이 있다며 칭찬했습니다. 이때 그들이 자사 우유에 대해서 이것저것을 물으면 비로소 집중적으로 설명을 시작했습니다.

상대방이 먼저 이야기를 꺼냈다는 것은 홍보물을 미리 본 상태에서 그 우유에 호감을 갖고 있는 것으로 해석해도 무방하기 때문입니다. 반면 상대방이 먼저 묻지 않으면 거부감이 들 수 있기 때문에 먼저 제품 이야기를 꺼내지 않습니다.

그는 확보가 가능한 거래처들의 목표가 정해지면 먼저 제품의 홍보물을 교장과 행정실, 또는 영양사에게 보내고, 기업체는 총무과로, 어린이집은 원장 앞으로 직접 보냅니다.

우편물은 일주일 단위로 보내는데 우편물이 도착하고 사흘이 지난 뒤에 방문할 수 있도록 미리 스케줄을 짜 놓은 다음 예정된 일정에 맞춰 움직입니다. 그러면 상대방도 홍보물을 보고 난 다음이어서 어떤 형식이든 관심을 표명하기 때문에 그냥 찾아가는 것과는 크게 다르다고 합니다.

이처럼 그는 필요한 곳에 투자하기 위한 목표를 치밀하게 세운 뒤 이를 위한 예산을 항상 별도로 마련해 놓습니다. 아이들에게는 요구르트와 초콜릿, 일반우유보다 비싼 초코우유 등을 준비해 두었다가 상대방이 부담되지 않는 선에서 나눠주었고, 거래처 관계자들에게는 안내장을 미리 만들어놓았다가 적절하게 활용했습니다.

입찰할 때는 뾰족한 대처 방안이 없지만 수의계약은 서로 간의 신뢰가 축적되면 훨씬 유리할 수 있다고 말합니다.

선호도 조사는 학생이 선택하는 것이기 때문에 학생을 최고의 고객으로 생각하고 이들의 선택을 받을 수 있도록 그는 평상시에 최선을 다하고 있습니다.

설정한 목표를 구성원과 공유하라

사람은 각자 주어진 상황에 따라 비전을 수립하고 그 비전을 달성하기 위한 기간별 목표에 맞추어 구체적인 계획을 수립해야 한다. 리더가 조직의 잠재력과 성장 동력을 키우려면 무엇보다도 먼저 목표 달성의 필요성을 구성원들과 공유하는 과정이 필요하다.

구체적인 목표를 설정하고 일을 추진하다 보면 어려움에 봉착했을 때 해결책이 갑자기 떠오르는 경험을 하게 된다. 이는 기도를 할 때 사이버 체계가 작동되어 바라는 바가 이루어지는 것과도 비슷한 현상이다.

_김원용(세미텍 대표이사)

"목표를 세우면 뭘 해, 실천하려면 머리만 아플 텐데."

주변에는 이처럼 한 번밖에 없는 인생을 되는 대로 살아가려는 사람들이 있습니다. 실패하는 사람에게도 이유가 있지만 성공하는 사람도 분명 이유가 있습니다.

루스벨트 대통령 고문관을 역임했던 미국의 성공 철학자인 나폴레온 힐Napoleon Hill은 사회 각 분야에서 성공한 사람들의 공통점을 조사한 바 있습니다. 그 결과, 성공한 사람은 하나같이 확고한 목표를 갖고 있고 이를 끝까지 해내려는 집요함과 열정을 지니고 있다는 점을 발견했습니다.

하버드대학교 경영대학원에서 석사과정MBA을 밟고 있는 학생들을 대상으로 설문조사를 실시한 결과, 장래에 자신이 되고자 하는 구체적인 목표를 갖고 있다는 답변을 한 사람은 총 응답자 가운데 3퍼센트에 불과했습니다. 그런데 흥미로운 점은 20년 뒤 다시 이들을 대상으로 설문조사를 했더니 그 3퍼센트에 해당하는 졸업생들이 다른 이들보다 평균 열 배 이상의 고소득을 올리고 있었다는 점입니다.

구체적인 목표를 갖고 살아가면 이렇듯 삶도 달라집니다.

김원용 대표가 반도체 후공정 업체인 세미텍의 대표이사로 취임한 이후 세미텍의 연간 매출액은 2004년 112억 원에서 2005년 326억 원, 2006년 500억 원, 2007년 800억 원을 돌파하는 등 5년 사이 열 배에 가까운 성장을 달성했습니다.

그는 기업의 장기 발전 계획을 1년 뒤의 목표와 3년 뒤의 목표, 7년 뒤의 목표로 나누어 실천하고 있는데 이렇게 해야 기업이 끊임없는 성장 동력을 확보할 수 있다고 보았습니다. 또한 목표 달성의 필요성을 구성원과 공유하면 아무리 큰 위기 상황이 닥쳐도 이를 헤쳐 나갈 수 있다고 합니다.

실제로 세미텍이 성장해 오는 동안 구체적인 목표를 설정하면 어김없이 필요한 인재가 나타나거나 찾아와 도와주었고 그로 인해 어려움을 극복한 적이 한두 번이 아니라고 합니다. 그래서 그는 스스로를 운과 복이 터진 운장運將, 복장福將이라고 부릅니다.

흔히 인생은 자동차에 비유되곤 합니다. 어릴 때는 부모님이 운전하는 차를 타고 가면 되지만 성인이 되면 스스로 운전해야 합니다. 그런데 운전하는 사람이 가고자 하는 목적지를 제대로 설정하지 않고 운전대만 잡고 있다면 그 차는 우왕좌왕할 수밖에 없습니다. 구체적인 목표를 설정하고 이를 구성원들과 공유하는 것은 조직의 생각과 행동을 안내하는 내비게이션을 갖고 있는 것과도 같습니다.

인생의 각 분야에서 최고의 길을 가는 사람들, 나는 그들을 존경하고 자랑스럽게 여긴다. 왜인가? 그들은 그 길을 가기 위해 엄청난 대가를 지불한다. 그들은 남들이 보지 못한 것들을 보고, 현실에 만족하지 않으며, 믿음으로 길을 떠나는 진정한 용사이다.

—김석년, 「패스 브레이킹」 중에서

우연한 1등은 없다

나는 목표를 세우고 그것이 합당하다고 판단되면 누가 어떻게 나오든 개의치 않고 고집스럽게 밀어붙이는 스타일이다. 지금은 오로지 1등만이 찬란한 영광을 누릴 수 있고, 2등은 언제나 무대 밖으로 밀려나는 세상 속에서 우리는 살아가고 있다. 실제로 일선에서 영업을 하다 보면 1등만 살아남지 2등은 버틸 수 없게 되어 있다. 나는 우연한 1등은 절대로 있을 수 없다고 생각한다.

_오수철(비락우유 증평대리점 대표)

그는 영업 현장에 직접 나가보면 거래처를 확보할 수 있는 곳이 너무나 많다고 합니다. 학교와 어린이집, 학원 등 우유를 납품할 수 있는 곳은 도처에 널려 있습니다.

오수철 대표는 한번 목표를 세우면 이를 실현하기 위한 사전준비 작업을 아주 치밀하게 진행합니다. 먼저 편지를 보내고 주변 사람들을 만나고 담당자를 찾아가 대화를 나누면서 자신이 파는 우유에 대해 호의적 반응을 보일 때까지 집요하게 몰두했습니다.

영업은 영업을 하는 사람이 어떤 마인드를 가지고 상대방을 어떻게 설득하느냐에 따라 결과는 천양지차天壤之差로 달라집니다. 영업 실적이 저조한 사람들은 하나같이 제품 탓을 하는데 이는 일에 서툰 목수가 연장 탓을 하는 것과 크게 다를 바 없습니다.

동일한 제품을 가지고도 한 사람은 영업 실적이 좋은데 다른 사람은 실적이 저조한 이유가 무엇입니까? 그것은 자사 제품을 스스로 신뢰하지 못하고 있거나, 아니면 하고자 하는 의지와 적극성이 결여되어 있기 때문입니다. 자사 제품이 1등 제품이라는 생각을 머릿속에 넣고 있지 않으면 결코 1등을 할 수 없습니다.

세상에 우연히 되는 일은 없습니다. 하물며 대리점 영업을 하는 사람이 우연하게 거래처가 확보되기를 기대하고 저절로 매상이 오르기를 바란다는 것은 있을 수 없습니다.

무슨 일이든 1등을 하려면 남모르는 고통이 수반되어야 하고 피눈물 나는 노력을 쏟아 붓지 않으면 정상에 올라설 수 없습니다. 세상은 모든 것이 공평하며 뿌린 대로 거두어들이는 법입니다.

성공을 부르는 한마디

당신에게 무슨 일이 '생기길' 기다리지 말고 뛰어나가 일을 저지르십시오. 최상의 삶, 당신이 가슴 깊은 곳에서부터 강렬히 원하는 삶은 오직 당신의 '선택', '확신', 그리고 '행동'에 의해서만 현실화됩니다. 당신이 처해 있는 현재의 상황이 아무리 힘들어도 당신은 매일 매일 당신이 가진 꿈을 조금이라도 키워 줄 수 있는 선택을 할 수 있습니다.

_스튜어트 에이버리 골드, 『핑』 중에서

좋은 습관이 성공을 좌우한다

인생에서 성공 여부는 학습과 좋은 습관 만들기가 아닌가 싶다. 내가 체계적으로 좋은 습관을 갖게 된 것은 '피닉스 리더십'과 '성공한 사람들의 7가지 습관'에 대한 교육을 받으면서부터였다. 피닉스 리더십은 PMA다이어트를 3주일만 계속하면 습관이 바뀐다고 했는데 실제로 그런 측면이 많았다. 성공하는 사람들의 7가지 습관은 개인뿐만 아니라 대인관계에도 적용이 된다.

_김원용(세미텍 대표이사)

습관에는 성공을 불러오는 수많은 기본 원칙이 포함되어 있습니다. 그리고 이러한 습관은 체계적으로 연결이 잘되어 있습니다. 또한 습관은 성장의 자연 법칙과 조화를 이루면서 의존적 단계에서 독립적 단계로, 그리고 상호의존적 단계로 발전해 나갑니다.

'성공하는 사람들의 7가지 습관' 중 첫 번째는 '주도적이 되라'인데 이는 자신의 삶에 책임을 지라는 뜻입니다. 우리의 본능은 자기 스스로 행동하는 것이지 남의 행동에 이끌려 다니는 것이 아닙니다. 주도적인 사람은 책임감이 강하고 자기가 한 행동이 절대로 주위 환경이나 각종 제약 때문이라고 핑계대지 않습니다.

두 번째, '목표를 확립하고 행동하라'는 것입니다. 이 말은 우리가 가려는 방향과 목표를 확실히 정하고 업무나 생활을 시작하라는 뜻입니다. 목표를 갖고 있으면 하루하루를 의미 있게 보내면서 인생의 비전을 실현할 수 있습니다.

세 번째, '소중한 것부터 먼저 하라'입니다. 소중한 것은 개인적으로 가장 가치가 있다고 생각되는 일이므로 무엇을 먼저 해야 할지를 제시해 주고 자기가 목적하는 바를 달성하도록 도와줍니다.

네 번째, '상호이익을 모색하라'입니다. 사업과 인간관계는 두 사람 이상이 협력을 할 때 효과가 나타납니다. 원윈Win-Win의 사고방식을 갖고 있는 사람은 인생을 경쟁적 관계가 아닌 협력적 관계로 보기 때문에 모든 인간관계에서 끊임없이 상호이익을 모색하는 마음가짐과 자세를 갖게 됩니다.

다섯 번째, '경청한 다음에 이해시키라'는 것입니다. 사람은 누구나 자기 이야기를 하고 싶어 하며, 다른 사람이 자기 이야기를 잘 들어주면 심리적인 행복감을 얻게 됩니다. 이야기를 잘 들어주었다면 상대의 욕구를 충족시켰기 때문에 훨씬 더 편하게 상대를 이해시킬 수 있고, 영향력도 행사할 수 있습니다.

여섯 번째, '시너지를 활용하라'입니다. 합친 것이 내는 힘은 각각이 내는 힘을 합친 것보다 훨씬 큽니다. 즉 하나 더하기 하나는 둘에 그치지 않고 셋 또는 그 이상의 힘을 발휘합니다. 성공한 사람은 자신의 지각 능력에 한계가 있음을 인정하고 다른 사람과의 진정한 상호작용을 통해서

보다 많은 아이디어를 활용할 수 있음에 감사하는 겸손함과 공손한 마음을 갖고 있습니다.

일곱 번째, '심신을 단련하라'는 것입니다. 자신을 단련하지 않으면 마음은 단조로워지고, 감정은 메마르며, 정신 또한 삭막해지면서 이기적으로 변하게 됩니다. 심신을 단련하는 것은 자기 자신을 위하여 할 수 있는 가장 훌륭한 투자입니다.

습관적인 노력을 기울여라

영업을 하면서 중요한 것은 거래처의 실세와 핵심을 파악하는 일이다. 나는 습관적으로 거래처를 확보하기에 앞서 영업을 하려면 어디를 집중 공략해야 할지에 대한 기초 조사부터 한다. 특히 학교에 납품을 하려면 거래처의 실세가 누구인지 파악하는 것이 중요하다. 예컨대, 우유를 관리하는 권한은 학교장이 가진 경우도 있지만 행정실장이나 영양사가 실제적 권한을 가지고 있는 경우도 있다.

_오수철(비락우유 증평대리점 대표)

오수철 대표는 이따금 학생들에게 우유를 무료로 나눠주면서 다른 우유에 대한 선호도를 알아보고 지난해에 먹은 급식우유는 어떤 문제점들이 있는지도 사전에 점검하곤 했습니다. 그런 다음 해당 학교의 결정권자를 만나 이 부분을 집중적으로 거론하고 자사 우유의 장점을 부각시켰습니다. 그러면 그들도 대부분 문제점을 인정하고 새로운 우유에 관심을 보였습니다.

통상 학교우유 납품은 입찰과 수의계약, 선호도 조사 등 세 가지 방식으로 진행됩니다. 이중 급식우유는 학생들의 선호도 조사를 통해 곧바로 결정되기도 합니다.

어떤 방식을 선택하든 다른 우유대리점과 경쟁을 하면 그는 항상 이길 자신이 있었습니다. 입찰은 가격 경쟁력과 품질 면에서 유리했습니다. 가족 중심으로 대리점을 운영해 왔고 차량도 다섯 대나 되어 언제든 원하는 곳으로 신속하게 배달할 수 있는 기동력을 갖춘 덕분이었습니다.

선호도 조사와 수의계약 방식은 노력한 만큼 반드시 결과가 나와 주었기에 더욱 자신이 있었습니다. 우유에 대한 선호도는 기본적으로 맛과 제품의 질이 좌우하지만 해당 회사가 홍보비용에 얼마나 투자를 하였느냐에 따라 결정이 되는 경우도 많습니다. 실제로 타 지역에서 선호도 조사를 한 자료를 보면 열 곳 모두 S우유가 석권했다는 통계조사를 접한 적도 있었습니다. 그러나 그는 이 같은 선호도 조사가 자기 지역에서도 반드시 그렇게 나와야 한다는 논리를 절대로 용납하지 않았습니다.

그는 특정 학교에서 우유에 대한 선호도 조사를 실시한다는 정보를 들으면 아이들의 설문지 자료를 회수하는 날 아침에 일찍 학교로 나가 자사 우유에 대한 홍보에 적극 나섰습니다. 또한 전날 학교에서 선호도 조사 설문지를 받은 학생들이 비락우유에 동그라미를 쳐서 등교를 하는 것을 보면 초코우유를 주며 고맙다고 인사도 했습니다. 그러면 다른 우유에 동그라미를 표시해 왔던 아이들도 그 자리에서 비락우유 칸에 동그라미를 표시한 뒤 초코우유를 달라고 졸라대기도 했습니다.

이처럼 습관적으로 되풀이되는 노력들이 결실을 거둬 다른 지역은 선호도 조사를 하면 100퍼센트 승산이 없다는 지역에서도 그가 맡은 지역은 전체 5곳 중 4군데에서 비락우유가 1위를 차지할 수 있었습니다. 비락우유가 선호도 조사에서 1위를 한 것은 아이들까지도 소중한 고객으로 생각하고 수시로 혼신을 다하여 홍보한 그의 노력의 결과였습니다.

사람은 목표에 대해 지속적으로 피드백을 하되 가능하면 각자 나름대로 피드백 시스템을 만들고 관리해야 한다. 측정 기준과 목표가 바뀌면 새로운 방향으로 이끌어야 한다.

—제프 콕스 · 윌리엄 바이햄, 『모드 씨의 비밀노트』 중에서

생각을 정리해서 말하라

"저는 사람들 앞에 서면 얼굴이 빨개지고 말문이 막히는데 의원님은 토론을 잘하는 무슨 비결이라도 있나요?"

"생각을 정리해서 말하는 기회를 습관적으로 늘리면 자연스럽게 좋아집니다."

언젠가 내가 다니는 교회에서 젊은 청년에게 토론 잘하는 비법에 대한 질문을 받고 이렇게 답했던 기억이 난다. 나도 정치 초년 시절에는 무모하게 선거에 뛰어들었다가 연설을 못해 당황한 적이 한두 번이 아니었다.

_정우택(충북도지사)

정우택 충북도지사는 본래부터 말을 잘하거나 연설을 잘하는 사람이 아니었다고 합니다. 그런 그가 처음 국회의원에 출마했던 당시에는 후보별로 30분씩 기회가 주어지는 합동연설회가 군郡별로 열렸는데 사람들 앞에만 서면 마이크를 잡은 그의 손이 어느새 축축해지곤 했습니다.

이러면 안 되겠다 싶어서 웅변 전문가한테 며칠간 개인 지도를 받고 밤에는 혼자서 연설문을 보고 연습도 했습니다. 그러자 선거가 막바지로 치달을 무렵에는 연설에 조금씩 자신감이 생겼습니다.

국회의원 시절, 주말에 지역구 행사가 있으면 5분 정도 되는 연설을

4, 5차례 해야 하는데 그때마다 그는 상황에 맞게 연설하려고 노력했습니다. 그러다 보니 이제는 어느 행사장에 가게 되더라도 즉석으로 연설을 할 수 있게 되었습니다. 1996년 이후부터 그는 텔레비전의 심야 토론 프로그램에도 자주 출연했습니다.

토론이나 연설을 잘하려면 자기가 이야기하고자 하는 논점이 분명해야 합니다. 연설을 잘하는 것도 재능이지만 이런 재능은 처음부터 자연스럽게 되는 것은 아닙니다. 새롭게 배울 기회를 통해서 나한테도 그런 재능이 있다는, 그리고 나도 할 수 있다는 사실을 알게 되는 것입니다. 괴롭고 힘들어도 뭔가를 배우기 위해 노력할 때 재능도 발굴할 수 있습니다.

토론은 이성적으로 진지하게 대화를 할 때 효과를 거둘 수 있습니다. 자신의 생각이 천 번 만 번 옳고 상대방의 생각이 설사 잘못되었다고 해도 감정적으로 억누르고자 하는 격앙된 분위기 속에서는 억압과 강요만 있을 뿐 진지한 토론이나 자발적 승복은 이루어지지 않습니다.

IMF 사태를 맞고 2년이 지난 1999년 1월, 국회에서 IMF 청문회가 열렸을 때의 일입니다. 정우택 지사는 당시 박태준 총재의 지시로 질의 의원에 선정되어 IMF 환란의 원인과 당시 김영삼 대통령의 대응, 청와대 비서진의 대비책, IMF 때 임창렬 부총리가 취한 행동 등을 조목조목 따졌습니다. 이때 미리 준비한 차트를 보여주며 우리나라가 IMF로부터 많은 부채를 지게 된 상황에 대해 캐묻고 증인의 답변을 요구했는데 이러한 질의 방식이 보기에 편하고 이해도 잘됐다는 평가를 시청자들로부터 받았습니다.

이후 언론은 그에게 '말 잘하는 의원, 논리적인 의원'이라면서 '청문회 스타'라는 별칭을 붙여주었습니다. 16대 총선 때 자민련 선거대책위원장을 맡아 2000년 2월에 3당 정책위원장 심야 토론 프로그램에 참여했을 때도 앵커는 그를 'IMF 청문회 스타'로 소개했습니다. 덕분에 그는 이후 방송 토론 프로그램에도 얼굴을 자주 내밀 수 있었습니다.

아테네의 최고 웅변가 데모스테네스는 말을 더듬고 발음이 정확하지 않은 점을 고치기 위해 지하실에 내려가 몇 달 동안이나 조약돌을 입에 물고 연습을 했고, 가파른 언덕을 달리다가 숨이 차기 시작하면 연설을 시작해서 말을 이어나갔다. 또한 말할 때마다 왼쪽 어깨가 올라가는 버릇을 고치기 위해 어깨 위에 칼을 매달아놓고 연습을 한 결과 뛰어난 웅변가가 될 수 있었다.

—양현모 · 김보령, 『말하기를 연습하는 책』 중에서

2장

인생을 승리로 이끄는 9가지 성공 DNA

첫 번째 DNA **열정**　　두 번째 DNA **학습**
세 번째 DNA **도전**　　네 번째 DNA **친절**
다섯 번째 DNA **배려**　　여섯 번째 DNA **긍정**
일곱 번째 DNA **겸손**　　여덟 번째 DNA **칭찬**
아홉 번째 DNA **경청**

● ● ●

남다른 성공과 성취를 이루는 개인과 기업에는 반드시 이를 가능케 하는 남다른 특징들이 있다. 말하자면 성공의 필연적 요인, 곧 성공 DNA가 있는 것이다. 하지만 여기서 제시할 아홉 가지 성공의 DNA는 태어날 때부터 주어지는 것이 아니라 학습을 통해 체화될 수 있는 것이어서 누구나 노력만 기울인다면 얼마든지 이뤄 낼 것으로 만들 수 있다. 인생을 승리로 이끄는 9가지 성공 DNA의 구체적인 사례들을 만나보자.

완전연소를 시도하라

사람들은 내 것보다 남의 것을 더 좋게 보는 경향이 있고 그 때문에 좌절하거나 고통스러워할 때가 있다. 물론 현실에 만족하지 않으면 대신 이를 극복하는 과정에서 조금씩 성취감을 느끼는 긍정적인 면이 있다. 그러나 인생은 이보다 좀 더 장기적인 시각으로 바라보면서 그날그날에 충실하는 것이 중요하다. 내일의 희망이나 원대한 꿈 못지않게 먼저 오늘 주어진 일에 최선을 다해야 하는 것이다.

_홍재형(국회의원)

학기말 시험을 잘 보았다거나 좋은 대학에 진학했다고 해서 모든 것이 끝나는 것은 아닙니다. 좋은 직장에 들어갔다고 해도 마찬가지입니다. 그곳에서도 경쟁은 다시 시작되므로 멋진 공적을 어떻게 남기고 물러나느냐가 사실은 더 중요합니다. 인생에서 성공하려면 장거리를 달리는 마라톤 선수처럼 자기가 평생을 몰두해도 지루하지 않고 계속 발전시킬 수 있는 분야를 선택해야 합니다.

홍재형 의원은 사람들과 대화를 할 때 완전연소完全燃燒라는 말을 자주 씁니다. 어떤 일을 하든 그 속에 자신의 혼魂을 불어넣고 그 일을 위해 모든 에너지를 집중하여 의욕을 불태우는 것이 중요하다는 뜻입니다.

사자가 무서운 것은 아무리 작은 짐승을 잡더라도 일단 사냥을 시작하면 전력을 쏟는다는 점입니다.

어떤 일을 하든지 간에 전력을 다해 몰입하면 성공할 확률은 당연히 높아질 수밖에 없습니다. 그런 경우, 비록 결과가 실패로 끝났다고 해도 어설픈 미련이나 최선을 다하지 못한 데에서 오는 후회나 아쉬움은 남지 않게 됩니다.

조직원으로서 업무를 수행할 때도 마찬가지입니다. 모든 일에 완전연소를 시도하면 자신은 물론 주위에도 긍정적인 영향을 미칩니다.

자신은 손 하나 까딱하지 않고 남이 해주기를 바라거나 책임회피를 하고 때로는 "쉬었다 해" 하며 오히려 조직의 발전에 걸림돌 역할을 하면서 열매는 공유하겠다는 몰염치한 사람이 있습니다. 이런 사람은 자신은 말할 것도 없고 남도 태우지 못하는 사람입니다.

불길이 강할 때에는 생(生)솔가지도 태우듯 솔선수범하여 자신을 완전연소시키는 사람만이 다른 사람도 함께 태울 수 있고 나아가서 조직 전체를 뜨거운 용광로로 변화시킬 수 있습니다. 완전연소를 시키려면 산소를 계속 공급해야 합니다. 개인은 말할 것도 없고 조직에도 활력을 계속 불어넣어 주어야 한다는 뜻입니다.

열정

열정을 가지고 적극적으로 나서라

"영우가 아이들을 그렇게 잘 가르친다면서요?"

"그 집 아들을 경복중학교에 합격시켰대요."

"어머, 우리 애도 영우에게 맡겨야겠어."

아줌마들 사이에 공부를 잘 가르치는 학생으로 입소문이 나자 학부모들은 아이들을 데리고 너도나도 내게로 몰려들었다. 과외로도 생활이 가능하겠다는 판단이 서자 방 한 칸을 세내어 학생들을 열정적으로 가르쳤다. 그러자 이듬해에도 내가 지도한 학생들은 모두 원하는 중학교에 합격했다.

_권영우(세명대학교 설립자)

혈혈단신으로 무작정 상경하여 밑바닥 세상을 몸으로 경험했던 권영우 세명대학교 설립자는 어려운 상황에서도 희망의 끈을 놓지 않고 주경야독을 한 결과 야간중학교를 졸업하고 고등학교에 정식으로 입학했습니다. 천신만고 끝에 초등학교 4학년 학생을 가르치는 가정교사 자리도 얻었습니다.

어느덧 2년이 흘러 가르치던 학생이 6학년 졸업반이 되자 학부모로부터 서울 경복중학교에 합격시켜 달라는 요청을 받게 됩니다. 향후 자신의 삶이 6학년짜리 초등학생의 중학교 합격 여부에 따라 달라질 것이라는 판단을 한 그는 1년 동안 자기 공부는 거의 접어두다시피 하고 오로지 학생의 부족한 과목 지도에 열정을 쏟았습니다.

그 결과 학생은 경복중학교에 합격했고 그의 운명은 예상치 않은 방향에서 풀리기 시작했습니다. 해를 거듭할수록 학생들을 잘 가르친다는 소문이 돌면서 학부모들이 너도나도 아이들을 맡겨오기 시작했습니다.

학생들을 가르치는 데 소질이 있다는 것을 어렴풋이 느낀 그는 학생의 의사를 존중하면서 성심껏 지도하면 진심이 통한다는 사실도 체험했습니다. 이 경험은 훗날 그가 육영 사업을 결심하는 동기 유발이 되기도 했습니다.

과외로 번 돈은 최소한의 생활비만 쓰고 나머지는 모두 저축하니 제법 목돈이 모였습니다. 고향 땅을 처분하면 서울에서 판잣집 정도는 장만할 수 있고 살림은 과외 수입으로도 충분하다는 판단이 섰을 때 그는 어머님께 편지를 썼습니다.

"영우야, 이게 꿈이냐 생시냐!"

어머님은 아들과 함께 살게 되자 진심으로 행복해 하셨습니다. 서울 전농동에 있는 작은 외숙모의 한옥 집에 어머님을 모시고 조그만 방을 빌려 과외를 하면서 가장 노릇을 시작했습니다.

이때부터 그는 모든 일을 스스로 판단하고 결정했습니다. 자기가 해야 할 일이고 필요한 일이라면 그것에 열정을 갖고 적극적으로 나서야 한다는 사실을 깨달은 것도 이 무렵이었습니다.

인생은 선택과 집중의 연속입니다. 모든 일을 스스로 판단하고 결정하다 보면 시간이 지날수록 더욱 빨리 일을 처리할 수 있게 됩니다.

집중은 열정과 같은 긍정적 에너지가 바탕이 되어 에너지가 현재로 향하지만, 집착은 과도한 의무감이나 불안과 같은 부정적 에너지가 바탕이 되어 에너지가 현재보다는 미래나 과거로 향하는 상태이다.

―문요한, 『그로잉』 중에서

매 순간마다 최선을 다하라

성공을 하려면 인식과 발상의 대전환이 필요하며, 상사가 지시하는 것을 실천하는 것만으로는 경쟁에서 이길 수 없다. 나는 이순신 장군이 즐겨 쓰던 생즉필사 사즉필생(生則必死 死則必生)의 좌우명을 책상 위에 써 붙인 뒤 죽기를 각오하고 뛰고 또 뛰기로 마음먹었다. 동료들과 차별화하려면 상사를 일로 감동시키는 방법밖에 없다고 보고 생즉필사 사즉필생의 열정으로 일거리를 찾아 나섰다.

_정종택(前 내무부장관)

정종택 전 내무부장관은 공직자로서 첫 발을 내무부現 행정안전부에서 임시직으로 시작했습니다. 대학은 남들이 알아주는 서울대 법대를 졸업했으나 고시에 자신이 없었기에 일찌감치 포기하고 주변의 도움으로 토목국 임시직 촉탁囑託으로 취직했습니다.

그런데 얼마 뒤 행정고시에 합격한 그의 법대 동기가 스물세 살의 나이에 상사로 부임해 왔습니다. 친구와 직접적인 접촉을 피하려고 사무실을 겉도는 동안 그가 겪었던 좌절과 열등의식은 말로 표현하기 힘들 정도였습니다.

말단에서 사무관까지 승진하려면 아무리 빨라도 10년이 걸리던 시절에 동문이었던 고건, 김용래, 손수익, 김태경 등 고시 출신들이 내무부에 5급 사무관으로 부임했으니 그 심정이 오죽했겠습니까?

그러나 그의 꿈은 고시에 합격한 동기생보다도 높았습니다. 때문에 고시 합격 동기들을 따라잡으려면 이들보다 두 배, 세 배 이상의 일을 해내고 그들이 자거나 쉴 때 더 부지런히 일하는 방법밖에 없다고 생각했습니다.

그때 그의 눈에 처음으로 띈 것이 지방재정 교부금 문제였습니다. 세수를 속여 가며 지방을 무시하고 지방재정을 어렵게 하는 경제기획원을 보면서 교부금을 파악하여 지방재정을 돕기로 했습니다.

이를 상사에게 보고했더니 추진해 보라고 하기에 이때부터 교부세법의 개정에 적극 매달렸습니다. 아침저녁으로 국회의원들을 찾아가 설득 작업을 벌이면서 의원발의 서명도 받기 시작했는데 하루에 국회의원 집 세 곳을 들른 다음 출근한 적도 있었습니다.

그 결과, 헌법 개정선인 116명(당시 국회원원 총수 175명)보다 16명이 많은 132명의 서명날인을 받아 관련 법안을 국회에 제출하여 통과시키는 데 성공했습니다. 이 과정에서 그는 상사의 절대적 신임을 받아 서기관까지 초고속 승진을 했고 박정희 대통령의 눈에 띄어 새마을 운동의 전도사 역할도 맡게 되었습니다.

가난한 농군의 아들로 태어나 어려운 환경 속에서 살아왔지만 온갖 세파에도 좀처럼 흔들리지 않고 '생즉필사 사즉필생' 이라는 좌우명을 실천에 옮기며 생애의 순간순간마다 최선을 다했습니다. 이처럼 특유의 열정으로 습관적인 노력을 반복해 왔기에 그는 현재 74세의 고령에도 불구하고 충청대 총장으로서, 충청향우회장으로서 아직까지도 왕성한 사회 활동을 계속하고 있습니다.

도스토예스프스키를 위대하게 만든 것은 간질병과 사형수의 '고통이었다. 베토벤을 위대하게 만든 것도 귀머거리가 되었다는 음악가 최대의 고통이었던 것이다. 고통은 불행이나 불운이 아니다. 고통은 행복과 은총을 가져다주는 것이다.

—강유일, 『아아, 날이 새면 집 지으리라』 중에서

자신의 분야에서 최고가 되어라

나는 내가 파는 우유가 언제나 최고라고 믿고 있다. 또한 우리 제품의 우수성을 정확히 숙지하기 위해 의문이 날 때마다 본사에 많은 자료를 요청했다. 이를 참고해 학교에 가면 왜 우리 우유를 마셔야 하는지 차근차근 설명해 주었다. 본사에서는 내가 요구하는 자료가 너무 많자 처음에는 짜증을 냈다. 그러나 이 같은 일들이 주기적으로 반복되고 나의 영업 실적도 좋아지자 나중에는 요구하지 않아도 신제품이 나오거나 특이사항이 있으면 알아서 자료를 보내주기 시작했다.

_오수철(비락우유 증평대리점 대표)

오수철 대표는 자사의 우유를 홍보할 때 다음과 같은 점을 강조했습니다. 목장에서 생산된 원유를 철저한 검사를 통해 선별하여 짜며, 살균 처리할 때도 아무 것도 혼합하지 않는 고품질의 100퍼센트 순수 우유라는 점 말입니다. 또한 UHT 초고속 살균 공법으로 생산하기 때문에 우유 속의 유해한 균을 살균 처리하면서도 영양소는 거의 파괴되지 않는다는 것도 잊지 않았습니다. 일반인들에게는 생소한 용어여서 처음에는 귀담아듣지 않던 사람들도 그가 너무도 진지하게 확신에 찬 어조로 이러한 설명을 해주자 점차 관심을 보였고 시간이 갈수록 그를 신뢰하게 되었습니다.

그는 제품을 홍보할 때 타사 제품에는 없고 자사 제품에만 있는 유익한 성분을 중점적으로 강조했습니다. 예컨대, 자사의 열대과일 맛 떠먹는 요구르트에는 '나타태코코'라는 성분이 들어 있는데 이것이 장에서 순기능적인 활동을 하고 체질 개선에도 효과가 크다는 점을 집중적으로 부각해 홍보했습니다.

1993년 6월, 비락식혜가 처음으로 출시됐을 때 월 3,500만 원 정도에 불과했던 식혜 시장은 순식간에 연간 50억 원 규모로 커졌습니다. 그러나 이러한 성장은 시작에 불과한 것으로 식혜 시장의 규모와 비락식혜의 매출액이 눈부실 정도로 급성장하면서 1995년 말에는 월 평균 매출액만도 200억 원을 넘어섰습니다.

오수철 대표는 우유를 팔기 위해 우유보다도 인기가 더 좋았던 자사 제품의 비락식혜를 거론하며 비락식혜라는 브랜드 명을 최대한 부각시키고자 했습니다. 또한 고객에게 비락우유의 청결한 이미지를 심어주기 위해 대리점에서는 처음으로 100만 원 상당의 고압펌프를 별도로 구입해서 시간이 날 때마다 빈 상자를 세척하는 일도 게을리 하지 않았습니다. 이처럼 그는 자신의 분야에서 최고가 되기 위해 미처 남이 생각하지 못한 부분까지 찾아내어 노력했습니다.

이는 교육 분야도 마찬가지입니다. 예컨대, 교육계의 전문직에 종사하는 직원이라면 적어도 전문가를 지도할 수 있는 수준의 실력을 키워야 합니다. 과거와 달리 요즘은 상당수의 교사들이 대학원을 졸업하고 박사학위까지 취득하고 있습니다. 이런 사람들 앞에서 교육 담당자가 끊임없이 공부하지 않으면서 전문가를 자처한다는 것은 잘못된 자세라고 봅니다.

동물의 세계에서도 왕 중 왕이 있는 것처럼 전문가를 지도할 수 있는 전문가 수준의 실력을 갖추지 않으면 최고의 전문가는 결코 될 수 없습니다.

열정적인 자세로 일을 배워라

나는 신입사원이 들어올 때마다 그들에게 열정적인 자세로 일을 배우라고 주문한다. 예컨대, 텔레비전 제조회사에서 근무하더라도 자기 업무만 할 것이 아니라 텔레비전을 만들어 팔기까지의 전 과정을 배워야 한다고 강조한다. 증권회사도 주식 외에 채권, 전환사채, 교환사채, 선물, 옵션, 장외파생상품, 리서치 분야의 분석, 인터넷 뱅킹과 M&A 등 배워야 할 것들이 무수히 많다. 어느 부서에서 일하든 자사에서 취급하는 상품과 업무 전 분야에 대한 전문 지식을 폭넓게 알아야 동료들과의 경쟁에서 우위에 설 수 있다.

_김봉수(키움증권 부회장)

김봉수 부회장이 증권사에 입사한 지 얼마 되지 않았을 무렵, 주식을 하면 많은 돈을 벌 수 있을 것 같은 생각에 미수거래까지 써가면서 주식을 샀다가 크게 낭패를 본 경험이 있습니다. 그 이후 그는 증권사에서 취급하는 품목이 주식밖에 없다는 사실에 한계를 실감하고 주식 외에 다른 상품으로 관심을 넓혀 갔습니다.

그러던 차에 다른 증권사에 다니는 친구들로부터 '채권'이라는 매력적인 상품 이야기를 듣게 되면서 채권에 눈을 뜨게 됩니다. 채권은 주식과 다른 점이 많습니다. 예컨대, 주식시장은 쉬는 날에는 재산 변동이 없지만 채권은 시간이 흐르면 무조건 이자가 붙는다는 점부터가 다릅니다. 또 채권은 24시간 연중무휴로 이자가 늘어납니다. 여기에 복리 개념이 붙으면 시간 경과에 따른 이자 차이는 엄청나게 달라집니다.

채권을 배우기 위해 그가 친구들에게 지불한 수업료도 만만치 않았습니다. 비록 안주는 수제비였지만 그는 거금을 들여 양주까지 사서 친구들에게 대접하면서 채권수익률 계산법부터 배웠습니다. 등비수열에 적분을 활용해야 하는 이표채 계산 공식은 학창 시절에 배웠던 것이어서 쉽게 익힐 수 있었고, 계산법도 몇 시간여 만에 터득할 수 있었습니다. 내친 김에 그는 미적분이 가능한 일제 계산기도 장만했습니다.

새로운 분야에 대한 관심과 도전은 적극적인 노력이 뒤따라야 하고 일을 열정적으로 배우려고 할 때 발전하게 됩니다.

준비하는 사람에게는 반드시 기회가 오게 마련입니다. 그 후 회사에 환매조건부 채권매매라는 업무가 도입되면서 그는 새 업무를 맡게 되어 본격적인 자신만의 전문 영역을 키워갈 수 있었습니다.

채권을 배우고 나자 거액의 투자자들과 교류할 수 있는 기회도 생겼습니다. 1986년까지 7년 동안 채권 업무를 전담하면서 그는 사내에서 채권 업무의 1인자로 인정받고, 우리나라 채권업계 2세대로 평가받는 등 독보적인 위치를 확보할 수 있었습니다. 또한 1990년부터 경제신문에 채권 관련 칼럼을 기고하면서 전문가로 인정받는 계기를 마련할 수 있었습니다.

이 모든 것은 그가 주식 상품에만 관심을 두지 않고 다른 것들도 배우려고 했기 때문에 가능한 일이었습니다.

당신은 결코 지쳐서는 안 된다. 그러니 뭔가 의미 있는 일을 찾고 그 일에 흥미를 가져라. 뭔가 의미 있는 일에 철저히 몰두하라. 그 일에 당신 자신을 남김없이 쏟아 부어라. 당신 자신을 온전히 바쳐라.

—노먼 빈센트 필, 『적극적 사고방식』 중에서

편협한 사고에서 벗어나라

그동안 '성실하게 일하고 완전연소하면 모든 것이 이루어진다'는 좌우명을 품고 지금껏 살아왔다. 주변 사람들은 나의 개성으로 실천력, 성실함, 겸손을 꼽았다. 재무부 시절엔 성실하고 치밀한 일처리와 주위 사람을 편안하게 해주는 대인관계로 호평을 받았다.

한국이 IMF의 위기에 처했을 때 국제금융시장 문제를 다루는 동안 나는 한국적 시각이 아닌 국제적 시각으로 이를 바라보면서 우물 안 개구리식의 편협한 사고에서 벗어날 수 있었다.

_홍재형(국회의원)

홍재형 의원이 중학교에 다니던 무렵에 6.25 한국전쟁이 터졌는데, 전쟁 중에도 그는 서울에서 피난 온 선생님들에게 배움의 기회를 누릴 수 있었으며 또래 친구들과 깊은 대화를 나누면서 사물을 넓게 바라보는 안목을 키울 수 있었다고 합니다.

1964년에 서울대학교 행정대학원을 졸업하기에 앞서 행정대학원 출신에게 응시 자격이 주어지는 사무관 특채 시험에 응시해서 당당히 합격했습니다. 1963년 8월에 재무부 외환국에서 첫 공직생활을 시작한 것은 다른 사람을 밀어내고 그 자리를 차지하는 것보다 신설된 부서에서 일하는 것이 나을 듯싶어서였습니다. 남들이 잘 모르는 부서에서 업무를 시작한 것이 나중에 그가 '국제금융통通' 소리를 듣게 된 출발점이 되었습니다.

그는 행정고시 출신자가 아니라는 나름의 핸디캡을 극복하기 위해 당시에는 생소하기만 했던 외국 국제금융 분야 업무를 익히려고 열심히 노력한 결과 금융 전문가로서 능력을 인정받기 시작했습니다. 자연스럽게 일에 열정적으로 몰입하면서 공휴일과 여름휴가는 거의 반납하다시피 했습니다.

그는 공무원생활을 하면서 항상 양지에서 근무하는 것보다는 음지에서도 일해 보는 것이 사람의 그릇을 키우는 데 도움이 된다는 것을 절실히 깨달았습니다.

세계은행의 이사 보좌관으로 재임하던 시절에 그는 미 국방장관을 지낸 맥나마라Robert Strange McNamara 세계은행 총재가 점심시간에 시간을 아끼기 위해 샌드위치를 먹으며 일하는 모습을 보고 깊은 감명을 받았고, 국제금융기관 전문가들과 토론을 통해 의견을 교환하면서 세계 속의 한국을 파악할 수 있었습니다.

그러다 보니 세상을 바라보는 시야도 자연스럽게 넓어졌습니다. 해외 유수한 박물관과 미술관을 둘러보는 가운데 과거 역사 속의 한국과 한국인을 다른 시선에서 바라보게 되었고, 이때 편협하지 않고 국수주의적인 사고방식에서 벗어나려 했던 것이 국제적 안목을 키우는데 많은 도움이 되었습니다.

사람은 사심 없이 일할 때 마음의 평정을 찾고 내 참모습을 찾아가면서 자신감도 생기는 법입니다. 우주가 영원한 것은 우주 자신이 영원하겠다는 의지가 있어서가 아니라 그런 욕심이 없기 때문입니다. 역사 속에 위대한 업적을 남긴 분들도 자기 욕심을 버리고 일을 했기에 세상에 큰 발자국을 남길 수 있었던 것입니다.

시간이 없다고 말하지 마라

고등학교를 졸업하고 당시 2년제 초급대학이었던 서울 문리사범대학 영어과에 입학했다. 4년제 대학에도 충분히 갈 수 있을 성적이었으나 4년 동안 등록금을 마련할 자신이 없었기에 내린 결정이었다. 그러나 2년이라면 도전해 볼만하고 졸업하면 초등학교나 중학교 교사는 할 수 있을 것으로 생각했다. 대학생이 된 뒤에도 저녁에는 아르바이트로 학생들을 가르쳤다. 이렇게 해서 돈이 모일 때마다 인근의 논밭을 하나씩 사들였다.

_권영우(세명대학교 설립자)

권영우 세명대학교 설립자가 땅을 사들일 때만 해도 서울 사대문 밖에는 논이 많았고, 땅값도 그다지 비싸지 않을 때였습니다. 8년 가까이 과외를 해서 번 돈으로 그는 논밭을 사고, 남은 돈으로는 점포로 사용할 수 있는 길가에 자리한 'ㄱ'자 형태의 집을 사들였습니다. 약국에서 일할 때 어깨너머로 익힌 돈 감각 덕분인지 그는 구입한 집의 아래채에 점포를 새로 짓고 임대를 주었습니다. 그러자 집의 부가가치가 높아졌고, 그는 똑같이 과외를 했지만 수익은 계속 늘어났습니다.

그러던 중 목욕탕을 지으면 많은 돈을 벌 수 있을 것 같은 생각에 집을 다시 팔고 그동안 모은 돈으로 전농동 로터리에 목욕탕 부지를 샀습니다. 공사가 진행되는 동안 관공서에 허가를 받고, 인부 다루는 일과 자재를 사는 일, 설계도 보는 법 등을 하나하나 익혔습니다.

그는 납득이 되지 않는 것은 끝까지 물고 늘어지며 알아내고야 마는 기질이 있습니다. 때문에 젊은 사람이 집을 짓는 데도 인부나 공사 관계자들은 그를 함부로 대하지 못했습니다.

몇 개월 동안 공사를 해서 건물 내부를 마무리하고 '반도목욕탕'이라는 간판을 내걸었습니다. 옥상에는 옥탑을 짓고 단출한 살림도 차렸습니다. 어머니는 목욕탕과 탈의실 청소를 맡고 그는 카운터와 보일러 화부 노릇을 겸하면서 분주히 움직였습니다. 작은 목욕탕을 하면서 사람까지 쓸 수 없었던 것입니다.

그는 항상 여섯 시간 이상을 자지 않았습니다. 인간에게는 누구나 24시간이 주어지고 그 시간을 어떻게 활용하느냐에 따라 각자의 삶이 결정되는데 어떻게 잠으로 그 시간을 허비하느냐는 것이 그의 생각이었습니다. 목욕탕을 하면서 생긴 그의 '열두 시 취침, 여섯 시 기상' 습관은 평생 동안 이어졌습니다.

그 뒤로 사업은 불붙듯 일어났습니다. 답십리에도 목욕탕을 지었는데 자리가 좋아서인지 손님들이 항상 붐볐습니다. 전농동 로터리에 건물을 또 지었습니다. 이런 과정을 거치면서 건축에 대한 일가견도 생겼는데 이 경험은 나중에 세명대학교와 대원과학대학을 건립할 때 학교 설계와 디자인을 직접 초안하는 밑거름이 되었습니다.

　사업이 번창하자 그는 명지대학교 경영학과에 편입하여 경영학을 본격적으로 배웠습니다. 내친 김에 성균관대학교 경영행정대학원 경영학과도 마쳐 이론과 실무를 겸비한 전문경영인으로 변신했습니다.

　그가 이렇게 학업까지 계속할 수 있었던 것은 사업으로 바쁜 외중에도 촌음寸陰을 아껴 썼기 때문이었습니다.

각종 고위자 과정을 이수하라

여러 가지 지식이나 간접 경험의 필요성을 절실히 느낄 때마다 나는 해당 분야의 고위자 과정에 다니면서 이를 자연스럽게 해소해 나갔다. 조직에서는 대표경영인의 자세가 매우 중요하다. 직원이 아무리 잘해도 지휘봉을 쥔 사람이 상황 판단을 잘못하면 조직을 엉뚱한 방향으로 몰고 가면서 판 자체를 그르칠 수 있기 때문이다.

지난 2000년부터 국립암센터 원장으로 재직하는 동안 나는 대표로서 올바른 판단을 하기 위해 6개월 코스의 각종 고위자 과정을 수도 없이 반복해 들었다.

_박재갑(초대 국립암센터 원장)

박재갑 원장이 노동연구원의 노사관계 고위지도자 과정에 다닌 이유는 노사 안정이 이뤄지지 않으면 국립암센터가 세계적인 의료기관은커녕 중도에 주저앉을 수도 있다는 걱정 때문이었습니다. 노사 간 불협화음은 노사가 서로를 이해하지 못해서 생기는 것이므로 그는 노측을 어떻게 이해할 것인가를 진지하게 고민했고, 결국 이 경험이 후에 그의 경영 철학에 많은 보탬이 되었습니다.

그가 서울대학교 경영대학원 최고경영자 과정을 이수한 이유는 국립암센터는 국민의 세금으로 예산이 지출되고 있는데 구체적인 쓰임 내역도 잘 모르는 상태에서 예산 지출 결재 서류에 서명한다는 것은 크나큰 문제라고 판단했기 때문이었습니다.

또 국립암센터 원장으로 있다 보니 국가 보건 정책에 관여할 때가 많았고, 이에 대한 지식을 얻기 위해 서울대학교 보건대학원 보건의료정책 최고관리자 과정에도 다녔습니다. 그러던 중 국가의 요직에 있는 사람과 만나 국가 정책을 논의하는 일이 잦아지자 국가 정책을 정확히 알아야겠다고 생각한 그는 서울대학교 행정대학원 국가정책 과정에도 다녔습니다.

이밖에 생명과학최고연구자 과정을 비롯해 보건복지 정책은 배우고 또 배워도 끝이 없는 것 같아 아예 국립암센터 내에 보건복지정책 고위 과정을 개설해 무려 일곱 번씩이나 반복해서 들었습니다.

당시 중학교 3학년이었던 늦둥이 아들이 박 원장의 이런 모습을 보고 "아버지는 서울대학교 교수인데 뭘 더 배울 게 있다고 고위과정을 다니느냐?"고 묻자 그는 "아버지도 모르는 것이 많다"고 답하며 빙그레 웃었다고 합니다.

국립암센터는 매주 월요일 아침 여덟 시에 영어로 진행되는 '학술 집단회의'를 엽니다. 또 화요일에는 '화요 암 세미나', 수요일에는 전 직원을 대상으로 '암 교양강좌'를 진행하며 금요일에는 '연구세미나'도 개최합니다.

국립암센터를 세계적인 진료기관으로 만들기 위해 박재갑 원장은 국립암센터 내의 모든 직원에게 영어회화를 배울 수 있게 하고 본인이 원한다면 유엔UN 공용어인 여섯 개의 외국어도 무료로 배울 수 있도록 조치했습니다.

이밖에도 국립암센터 내에 국민만족실천 과정을 개설해 직원 모두가 이를 의무적으로 듣고 있으며, 그 외에 생명과학최고연구자 과정, 종양전문 간호 과정, 장루, 창상, 실금전문 과정, 호스피스 고위과정 등을 개설해 국립암센터 직원이라면 누구나 언제든지 공부할 수 있도록 운영하고 있습니다.

잘나가는 회사를 벤치마킹하라

모방은 창조의 원동력이라고 한다. 처음부터 창조적으로 할 수 있는 것은 흔치 않다. 이는 내가 몸담고 있는 금융업 분야도 마찬가지다. 금융업은 처음 시작하면 위험요인이 많다. 키움증권도 설립 첫해에 큰 적자가 났다. 무엇이든 처음 시작하면 얼마나 손해를 볼지 누구도 장담할 수 없다. 그러나 잘나가는 회사를 벤치마킹한다면 시행착오는 줄어들면서 6개월 만에 따라잡을 수도 있다. 이렇듯 나는 무엇이든 벤치마킹을 하려는 노력을 게을리 하지 않았다.

_김봉수(키움증권 부회장)

회사 대표가 기업을 벤치마킹하면 직원들도 이를 따라서 배우게 되고 이런 노력들이 모이면 회사가 성장하는 원동력으로 작용하게 됩니다.

김봉수 부회장은 키움증권의 창업 초기에 국내외 잘나가는 증권사 몇 군데를 돌아다니며 벤치마킹을 시도했습니다. 그러다가 2002년에 기타오 요시다카 소프트뱅크 파이낸스 사장이 저술한 『e-파이낸스 전략』이라는 책을 접하게 되는데, 그 책에서 미국인이 가장 투자하고 싶은 회사, 가장 거래하고 싶은 회사, 가장 근무하고 싶은 1위의 회사로 에드워드존스 증권회사를 꼽은 것을 보고 벤치마킹의 대상으로 이 회사를 마음에

두게 됩니다.

100년 역사를 자랑하는 에드워드존스 증권회사는 미국 전역에 점포수만 8,000여 개에 달하며, 상담 시스템이 100퍼센트 오프라인으로 운영되고 있었습니다. 그는 구체적인 벤치마킹에 나서기 전에 에드워드존스 증권사 회장에게 편지를 띄웠습니다.

"귀사는 100년 역사를 자랑하는 오프라인 증권사이고 지점도 8,000개가 넘는다고 들었다. 우리는 이제 창업 3년차인 애송이 온라인 전업 증권사다. 그러나 한국 속담에 '극과 극은 통한다'는 말이 있다. 귀사를 통해 벤치마킹을 하고 싶으니 부디 한 수 가르쳐 달라."

얼마 후 에드워드존스 증권회사로부터 답장이 날아왔습니다. 찾아와도 좋다는 허락이었습니다. 그래서 찾아갔더니 담당자가 "당신의 편지 내용이 하도 재미있어서 응했다. 한국의 몇몇 증권사에서 찾아오겠다고 했는데 아무도 허락하지 않았다"고 말했다고 합니다.

오전에 한 시간 동안 의견 교환 정도로 잡혀 있던 담당자와 김봉수 부회장과의 면담 일정은 정말로 극과 극이 통한 탓인지 예정에 없던 점심 식사를 구내식당에서 함께 하면서 생생한 경영 노하우까지 골고루 배우는 기회가 되었다고 합니다.

2004년에는 마진트레이딩으로 잘 알려진 일본의 마쓰이 증권회사를 벤치마킹하여 차등증거금제도를 도입하면서 키움증권이 도약의 발판을 구축하는 계기를 마련했습니다. 회사가 발전하려면 내부 고객부터 만족시켜야 한다는 것을 깨달은 것도 이 회사를 방문해서 얻은 수확이었다고 합니다.

이렇듯 그는 잘나가는 회사라면 어디든 찾아가서 벤치마킹하고 이를 경영에 접목시켰으며, 시간이 날 때마다 세계 유수의 증권사 최고경영자들을 직접 찾아다니며 조언을 듣는 데 노력하고 있습니다. 현재는 증권사에만 국한하지 않고 국내 기업인 태평양을 벤치마킹하여 경로의존성Path dependency 전략을 연구하고 있습니다.

우리가 여행을 떠나는 것은 다른 이들은 어떻게 사는지, 그들에게서 본받을 만한 것은 무엇인지, 그들이 현실과 삶의 비범함을 어떻게 조화시키며 사는지 배우는 것이다.

—파울로 코엘료, 『흐르는 강물처럼』 중에서

현장에서 배워라

'세상에서 가장 훌륭한 교사는 현장에서 나온다.'

일본의 위생용품 기업인 '유니참'을 설립해 매출액 2조 원이 넘는 세계 굴지의 회사로 성장시킨 다카하라 게이치로 회장은 '기업에서 문제가 발생하면 현장에서 해답을 찾아야 한다'며 현장의 중요성을 강조한다. 그는 '현장은 일에 대한 창조성과 야성을 일깨워주는 정글이며, 기업의 위치를 직시할 수 있는 진실의 심판대, 위기를 해결해주는 돌파구, 고객의 필요성을 상품화하는 상상의 베이스캠프'라고 표현했는데 이 말이 내게 와 닿았다.

_이현재(前 중소기업청장)

중소기업청에 근무하던 시절, 이현재 청장도 현장의 중요성을 절실히 느껴 일주일에 한 번은 중소기업 현장이나 재래시장을 방문하고 정책간담회를 열었습니다. 그리고 올라운드플레이all round play를 펼치는 축구선수처럼 중소기업을 지원해 주고 애로사항을 해결해 주려고 노력했습니다.

중소기업청장이 현장을 방문하는 이유는 중소기업 정책을 알리는 것이 첫째 목적이고, 둘째는 정책이 제대로 집행되고 있는지를 점검하고,

셋째는 업계의 애로사항을 확인하기 위해서입니다.

현장을 방문해 보면 각종 중소기업 정책이 제대로 집행되기는커녕 그런 정책이 있는지조차 모르는 기업들도 의외로 많다고 합니다. 업체들을 방문해 보면 그들에게 무엇을 해주기보다 오히려 그 자신이 얻는 것이 더 많고, 생생한 현장의 소리를 들을 수 있어서 항상 많은 것을 배웠다고 합니다.

이현재 청장은 중소기업청장으로 일하는 동안 체감한 문제들에 대해 현장을 직접 뛰면서 다양한 해결책을 찾을 수 있었고, 정부가 해야 할 일들에 대해 많은 아이디어를 얻을 수 있었다고 합니다. 특히 중소기업의 대표들은 대기업에 대한 국가 정책에 비해 소외감을 느끼고 있기 때문에 찾아가서 이들과 대화만 나누어도 자기들을 대변해 준다는 생각에 반가워했다고 합니다.

이렇듯 리더는 자리에 앉아서 명령만 내릴 게 아니라 현장에 직접 뛰어들어 조직원들이 맡은 바 업무를 완수할 수 있도록 사기를 진작시키며 조직에 활력을 불어넣어 주는 것이 가장 중요하다고 할 수 있습니다.

끊임없이 배워라

초등학교 평교사 출신인 내가 교육감에 당선된 것은 충북에서는 처음 있는 일이었다. 부족한 나를 선택해 준 이유를 나름대로 분석해 본다면 남을 배려하는 마음과 끝없는 향학열을 높이 사준 게 아닐까. 사범학교를 졸업하고 교사가 된 뒤에 가정 형편 때문에 학업을 중단한 것에 대한 아쉬움이 늘 마음 한구석에 남아 있었다. 그래서 틈이 날 때마다 학업을 계속했기에 30여 년 만에 박사학위를 취득할 수 있었다.

_김천호(前 충북도교육감)

1972년 방송통신대학이 생기고 농과 경영학과 초등교육과 등 네 개 학과가 신설되자 김천호 전 충북도교육감은 동료 교사 일곱 명과 함께 입학원서를 제출했습니다. 그는 하늘이 준 기회라 여기며 열심히 공부해서 2년 만에 방송통신대학을 졸업하고 4년제 대학에 편입하려 했으나 기대와 달리 자격이 주어지지 않았습니다.

담당자에게 "방송통신대학을 졸업했는데 왜 편입 자격을 주지 않느냐"고 묻자 "대학 3학년 편입자격 검정고시를 응시하라"는 답이 돌아왔습니다. 결국 그는 편입 검정고시의 첫 번째 시험에 당당히 합격해 청주대학교 야간대학 과정을 마칠 수 있었습니다.

영동교육청 장학사로 있을 때는 대학원에 다니기 위해 기차를 타고 대전역으로 가서 다시 버스를 갈아타고 충남대학교에 도착해 강의를 들었습니다. 이처럼 억척스럽게 30여 년의 세월을 틈틈이 학업에 열중한 덕분에 2000년 2월, 그는 마침내 충남대학교 교육대학원에서 교육학 박사 학위를 취득하게 됩니다.

지금과 같은 평생학습 시대에 직장인이나 최고경영자가 갖추어야 할 가장 우선적인 덕목은 '학습'이라고 생각합니다. 이를 반영하듯 최근 들어 샐러던트Saladent라는 신조어가 생겨났습니다. 이는 봉급생활자를 뜻하는 샐러리맨Salaryman과 학생Student의 합성어로 직장에 몸담고 있으면서 새로운 분야를 공부하거나 현재 자신이 종사하고 있는 분야에 대한 전문성을 더욱 높이기 위하여 지속적으로 공부하는 사람들을 일컫는 말입니다.

주변 사람들과 소소하고 재밌는 화제를 놓고 대화를 나누는 것도 즐겁고 의미 있는 일이겠지만 김천호 전 충북도교육감이 삶 속에서 가장 희열을 느낀 순간은 무엇보다도 책을 읽으면서 몰랐던 것을 깨우치고 새로운 사실을 알았을 때였다고 합니다.

'학이시습지 불역열호學而時習之 不亦說乎'라는 말처럼 배우고 때로 익히면 이보다 더한 기쁨이 없었다고 합니다. 특히 교육 전반에 걸쳐 관심이 많았던 그는 독서를 통해 그때까지 전혀 몰랐던 교수법이나 학습심리 등을 깨우치게 되면 배움의 신비로움에 말할 수 없는 희열을 느끼곤 했습니다.

세상을 살아가면서 날로 새로워지려는 자세가 매우 중요합니다. 육체적인 나이야 어쩔 수 없지만 마음과 생각은 얼마든지 역류逆流가 가능하기 때문입니다. 교육감으로 재직하는 동안 그가 주창했던 '젊은 생각, 젊은 교육'도 실은 이러한 생각에서 비롯된 것입니다.

자녀나 학생을 가르치는 가장 최선의 방안은 열 마디 말보다 하나의 본보기가 되어주는 것입니다. 그래서 그는 살아생전에 스스로도 자식들에게 학습하는 모습을 보여주려고 늘 노력했습니다.

책을 통해 배워라

좋은 만남은 그 자체가 축복이다. 좋은 만남은 한 사람의 인생을 바꾸는 변화의 기회를 준다. 또한 상대방의 생각과 시야, 그리고 인생의 방향을 바꿔주는 동시에 그 사람에게 내재된 잠재력과 숨은 가능성을 일깨워준다. 그래서 좋은 만남은 새롭고 위대한 꿈을 이루는 첫 발걸음이 된다. 마찬가지로 좋은 책과의 만남 역시 사람의 인생을 바꾸는 계기가 된다. 배우는 방법은 몸으로 부딪치는 직접 경험이 최고다.

_김봉수(키움증권 부회장)

우리네 삶에는 시행착오를 겪으며 하나씩 세상을 배울 만큼 충분한 시간적 여유가 없습니다. 따라서 직접 경험을 통해 배우는 것보다 독서 또는 다른 사람이 겪은 간접 경험을 통해서 배우는 것이 효율적일 때가 많습니다.

간접 경험은 삶의 지혜를 얻는데 있어 상대적으로 시간과 비용이 적게 드는 장점이 있습니다. 타인의 삶을 통해 교훈을 찾고 불필요한 좌절을 사전에 예방하는 것도 살아가는 데 꼭 필요한 지혜입니다.

김봉수 부회장은 지금도 연간 15~20권 가량의 책을 읽습니다. 책을 읽다가 떠오른 각종 아이디어는 경영 일선에 활용하기 위해 꼼꼼하게 메모해 둡니다. 또 좋은 책을 읽으면 이를 전 직원에게도 읽게 하고 가끔 토론 시간도 갖습니다.

책은 자동차에 비유컨대 엔진오일과 같습니다. 도로를 매끄럽게 잘 운전하려면 자동차에 질 좋은 엔진오일을 채워야 하듯 CEO는 회사 경영에 필요한 새로운 지식과 정보를 채우기 위해 늘 책을 접해야 합니다.

그가 최근 읽은 경제·경영서는 마이클 레빈의 『깨진 유리창 법칙』으로, 조직을 무너뜨리는 요소가 무엇인지에 대해 다시금 생각할 수 있었다고 합니다. 나아가 키움증권에도 깨진 유리창이 있는지, 앞으로 깨질 유리창은 없는지 찾아보자는 취지에서 전 직원이 이 책을 함께 읽고 팀별로 워크숍까지 열었다고 합니다.

그 밖에도 그가 권해준 책으로 밀랜드 M. 레레의 『미래시장을 잡는 독점의 기술』이 있습니다. 이 책은 무한 경쟁의 시장에서 독점으로 승승장구하고 있는 기업과 독점을 차지하고 빼앗기지 않는 기술을 상세히 기술해 놓았습니다. 이외에도 유망한 기업을 발굴하는 방법, 독점적인 공간을 만드는 해결책을 제시해 경영 일선에 좋은 참고 자료가 되었다고 합니다.

김봉수 부회장은 나이토 요시히토의 『상대를 내편으로 만드는 설득의 기술』도 애독서로 꼽았는데, 이 책은 인간의 보편적인 심리분석을 통해 어떤 상황에서 누구를 만나든 자기가 원하는 방향으로 상대를 설득하는 12가지 기법을 다루고 있어 경영과 일상생활 모두에 많은 도움이 되었다고 합니다.

그가 즐겨 읽는 애장서(愛藏書)는 『조조병법』입니다. 많은 CEO들이 병법 가운데 『손자병법』보다 『조조병법』을 더 선호하곤 하는데, 그 또한 후발업체인 키움증권이 정면승부보다 매복이나 야간전투, 게릴라전과 같은 전략을 펴야 유리하다는 것을 잘 알기 때문에 이 책에서 많은 도움을 얻고 있다고 합니다.

100권 정도의 책을 접했을 때 사고방식이 긍정적으로 바뀌었다. 300권 정도를 읽었을 때 긍정적인 사고방식이 뿌리를 내렸다. 500~700권을 넘어갈 때 정신적 변화가 있었다. 1,000권을 읽자 사고방식이 완전히 바뀌는 경험을 했다. 그러자 직장에 다니면서도 하루에 4시간씩 자면서 글을 쓸 수 있는 힘이 생겼다.

—이지성, 『스물일곱 이건희처럼』 중에서

메모하는 자가 살아남는다

나는 하루 일과 도중 여러 번 메모를 한다. 먼저 아침에 일어나서 떠오르는 아이디어를 메모한다. 다음으로는 산행을 하면서 맑은 공기를 마시다 보면 문득 좋은 생각과 아이디어가 스칠 때가 있다. 그럴 때마다 주섬주섬 떠오른 생각을 준비한 메모지에 주워 담곤 한다. 외출할 때에도 항상 주머니에 메모지를 넣고 다니다 아이디어가 떠오르면 이를 적었다가 시간이 날 때 곰곰이 생각해 보기도 한다.

_김천호(前 충북도교육감)

'적자생존'이라는 고사성어가 '적는 Memo 자만이 생존한다'는 뼈 있는 농담으로 바뀐 세상인 만큼, 우리는 메모의 중요성이 부각되는 시대에 살고 있습니다.

김천호 교육감은 깨어 있는 시간에는 언제나 보석을 캐러 다니는 사람처럼 아이디어 찾기에 골몰했습니다. 특히 이곳저곳을 다니다가 좋은 아이템을 보면 반드시 메모를 하고 이를 구체화시킬 방안을 찾아 나섰습니다. 새로운 아이디어에 살을 붙이고 옷을 입히고 화장을 시키면 전보다 월등한 가치를 발휘할 수 있기 때문입니다.

저녁에 책을 읽다가도 발췌한 내용을 토대로 하루 일과를 정리했고,

메모한 자료를 훑어보며 자신만의 작품을 만들기에 몰두했습니다. 잠자리에서도 떠오르는 아이디어를 적기 위해 머리맡에도 항상 메모지를 준비해 두었습니다. 잠결에 적은 아이디어들도 다음날 일찍 사무실에 출근해서 책상에 앉으면 일사천리로 정리가 됐습니다.

일선 교사 시절, 그는 남보다 늦게 퇴근하면서 책상에 앉아 메모를 통해 전략과 개선점을 찾아보고 정리하면서 활용가치를 더욱 높일 수 있었다고 합니다.

변화의 시대에 자신을 스스로 업그레이드시키려는 노력을 지속적으로 기울이지 않으면 정체되거나 또는 침체될 수밖에 없습니다. 때문에 메모를 통해 아이디어를 끊임없이 창출하고 개선하려는 노력을 기울여야 합니다.

아이디어는 고민만 한다고 해서 나오지 않습니다. 바람처럼 내 곁에 왔다가 바람처럼 사라지는 경우가 많습니다. 따라서 성공하기를 바란다면 언제 어디서나 머릿속에 떠오르는 생각을 그 자리에서 바로 메모해야 하며, 때로는 메모하는 시간을 따로 정해 놓는 것도 필요합니다.

아울러 메모한 것을 데이터베이스로 구축했다가 필요할 때 즉시 꺼내어 활용할 수 있어야 합니다. 두뇌의 기억 장치에 새로운 정보를 저장하는 것은 몇 초밖에 걸리지 않지만 새로운 정보를 처리하고 불러오는 능력은 제한되어 있습니다. 이처럼 두뇌는 기억 능력에 한계가 있습니다. 또한 인간은 망각의 동물이기에 잊지 않기 위해서라도 메모하는 습관을 반드시 생활화해야 합니다.

매일 매일 기록하고, 미래에 도움이 될 만한 것이라면 무엇이든 메모해서 보관해 두는 습관을 들이다 보면 나도 모르게 조금씩 성취감이 커져가는 것을 느끼게 될 것입니다.

아무리 가슴에 와 닿을 만큼 인상적인 이야기를 들어도 메모하지 않으면 기억나는 것은 고작 두세 가지에 불과하다.

—사카토 켄지, 『메모의 기술』 중에서

실패를 겪으며 성장하라

내가 인생을 통해 배운 것이 있다면 그건 실패를 통해서였다. 젊은 날 재수의 상처는
눈에 보이는 일류만을 꿈꾸던 내게 그렇지 않은 삶도 충분히 살 만한 가치가 있으며
아름다울 수 있다는 것을 깨닫게 해주었다. 어떠한 역경 속에서도 자신의 의지만 있
다면 더 나은 곳으로 비약할 수 있다는 것을 배운 것도 그 무렵의 일이었다.

_정우택(충북도지사)

정우택 충북도시사는 한창 꿈을 꿀 나이인 학창 시절에 목표와 도전이
좌절되면서 여러 차례 낭패감을 맛보았다고 합니다. 그의 첫 번째 좌절
은 1972년 대학입시 실패였습니다. 경기고등학교에 다니던 시절 그의
성적은 반에서 5~6등 정도였는데 당시에는 그 정도 실력이면 서울대 법
대도 무난히 합격할 수 있었습니다. 그와 비슷한 성적의 친구들은 모두
붙었는데 어찌 된 일인지 그는 떨어졌습니다. 당연히 재수를 택했지만
어린 나이에 좌절이 너무 큰 탓이었는지 그 뒤로는 공부가 잘 되지 않았
습니다.

재수를 하면서도 공부보다 노는 것에 정신이 팔렸던 터라 이듬해 다시
재도전했지만 보기 좋게 또 떨어졌습니다. 첫 번째 실패는 운 탓으로 돌

렸지만 두 번째도 실패하고 나니 그도 할 말이 없었습니다. 그 후 성균관대학교 법학과에 입학했으나 각오를 새롭게 다지고 제자리로 돌아오기까지에는 2년 남짓한 세월이 걸렸습니다.

아픈 만큼 성숙해진다는 유행가의 가사처럼 사람은 성공보다는 실패를 겪으면서 정신적으로 더욱 성숙해집니다.

사회생활을 하다 보면 학벌보다는 능력이 우선입니다. 어느 대학을 나왔든 실력은 백짓장 차이에 불과합니다. 그보다 중요한 것은 미래를 철저하게 준비하면서 자신의 비전을 펼칠 방법을 얼마나 창의력 있게 모색하느냐에 달려 있습니다.

그 뒤로도 정우택 도지사는 고시에 낙방한 적이 있고 정치판에 뛰어들어서도 두 번이나 실패를 경험했습니다. 그러나 그는 지금 그 실패의 경험들을 사랑합니다. 실패를 극복하는 과정에서 오히려 성장했다고 믿기 때문입니다.

무엇이든 시작이 중요하고, 성공과 실패는 그 다음 문제입니다. 훌륭한 시도는 그 자체만으로도 의미가 있으며, 나아가 시작은 절반의 성공을 가져다줍니다.

정열을 바쳐 성취와 보람을 얻고 인생의 행복을 느꼈어도 이에 만족하지 않고 또다시 새로운 산봉우리를 향해 도전해 나갈 때 사람은 후회 없이 살아갈 수 있습니다.

인생은 굽이굽이 이어진 산봉우리와 같습니다. 목표를 설정해서 이를 달성하고 나면 또 다른 산봉우리가 나타나는데 산봉우리 하나를 넘었다고 긴장을 늦춘다면 어리석은 삶이 시작됩니다.

경제학자 아놀드 토인비의 말처럼 인생은 도전과 응전의 역사입니다. 인생은 한 번 실패한다고 해서 끝나는 것이 아니라 모든 것을 포기할 때 끝나는 것입니다.

20대 이사, 30대 사장, 40대 회장… 세간에서는 나를 신화의 주인공이라고 한다. 그러나 신화는 밖에서 보는 사람에게만 신화다. 안에 있는 사람에게 그것은 겹겹의 위기와 안팎의 도전으로 둘러싸인 냉혹한 현실일 뿐이다.

—이명박, 『신화는 없다』 중에서

지금 당장 시작하라

사수소무시불성(事雖小無始不成)이라는 말이 있다. 『명심보감(明心寶鑑)』「훈자(訓子)」

편에 나오는 말로 '아무리 작은 일도 시작하지 않으면 이루어지는 일이 없다'는 뜻

이다.

나는 초기에 사업을 결정하기 전까지 교수나 애널리스트, 컨설턴트 등의 의견을 다

양하게 듣는 편이다. 그리고 일단 해야겠다는 결심이 서면 과감히 밀고 나간다. 내가

온라인 증권 산업의 가능성에 일찍 눈을 뜬 것은 외환위기 이후 거의 모든 증권사

지점들이 적자에 허덕이는 현실을 보면서부터다.

_김봉수(키움증권 부회장)

키움증권이 문을 열기 전부터 이미 대형 증권사들은 온라인 영업을 겸
업하고 있었습니다. 온라인 전업 사업은 일종의 모험처럼 여겨졌습니
다. 그러나 김봉수 부회장은 1999년 5월, 미국 온라인 전문 증권사를 벤
치마킹한 이후 온라인 전문 증권회사의 설립을 결심하게 됩니다. 불황
기에 오프라인 증권사 지점들이 대부분 적자를 냈지만 중개업Brokerage
부문이라면 온라인 가능성에 확신을 가질 수 있다는 판단이 섰기 때문
이었습니다.

주식시장이 호황일 때는 지점을 늘리고 불황일 때는 지점을 없애서 적자가 나지 않는 구조를 만들어야 하는데 현실적으로 그것은 불가능한 일이었습니다. 그 대신 '증권회사가 은행과 같은 이미 지점이 있는 금융회사를 활용하여 계좌를 개설하고 입출금을 자유롭게 한다면 이러한 문제점이 해결되지 않을까'라는 생각이 들었습니다. 이렇게 해서 탄생한 것이 자체 지점이 없는 온라인 증권회사인 키움증권입니다.

키움증권은 고객 편의를 위해 휴대폰으로도 주식 거래가 가능하도록 했고, 항상 고객의 참여하에 온라인 거래의 안정성, 속도, 편리함을 업그레이드해 왔습니다. 또한 온라인 증권담보대출, 온라인 신용대출, 온라인 투자상담과 20여 개의 온라인 방송 서비스 제공 등 언제 어디서나 입출금이 가능하도록 대부분의 은행과 거래를 텄고, 매매 제도도 우량 종목 위주로 거래를 유도하기 위해 업계 최초로 차등증거금제도를 도입했습니다.

그 결과 2000년 1월에 키움증권을 설립한 이후, 창업 첫 해에는 광고비와 전산투자비가 많이 들어가 적자가 났지만 이듬해부터는 현재까지 해마다 흑자 행진을 이어가고 있습니다. 온라인 증권회사는 기초 투자의 대부분이 전산 비용이며 호황 국면에 접어들었을 때 증원해야 하는 것은 고객만족센터 인력밖에 없기 때문에 이러한 수익이 가능한 것입니다.

2002년부터 2005년 회계연도까지 연간 100억여 원에 머물던 회사의 수익규모가 2006년에 450억 원대로 늘어난 것은 신용거래와 주식담보대출 등 마진margin 트레이드 분야에 집중 투자한 전략이 맞아떨어졌기 때문입니다.

인터넷 상장IPO과 인터넷 투자자문 서비스 등 새로운 비즈니스 모델을 개척해 가는 과정도 그에게는 도전과 실험의 연속이었습니다. 그는 CEO로서 항상 2, 3년 앞을 내다보며 새로운 사업을 구상해 왔습니다. 이에 따라 현재 키움증권은 온라인 펀드판매, 해외 직접거래, 온라인 자동차보험 및 외환판매, 인터넷뱅킹 등을 포괄하는 '종합 인터넷 금융그룹'을 지향하고 있습니다.

이룰 수 있는 목표를 핸드폰에 적어놓고 매일같이 확인하라. 그리고 간절히 원하라. 도움이 되겠다 싶은 사람이 있으면 거침없이 찾아가 만나라. 특히 어려운 때일수록 많은 사람을 만나라. 틀림없이 기회를 발견할 수 있을 것이다.

—김영식, 『10미터만 더 뛰어봐』 중에서

도전

벼랑 끝에 서라

나는 사업을 시작한 무렵 주변 사람들에게 참으로 많은 경제적 고통을 안겨주었다. 처가와 친척은 말할 것도 없고 심지어 아내 친구들에 이르기까지 손을 벌리지 않은 사람이 없었다. 회사의 매출은 1981년에는 5억 5,000만 원으로 해마다 두 배 가까이 증가했다. 반면 시나브로 차입한 사채 비용은 그해 원금 3억 원에 이자를 포함해 갚아야 할 부채가 7억 원이나 됐고, 지급해야 할 이자만 해도 연간 2억 1,000만 원이 넘었다. 이자만 갚기도 버거운 판국에 원금까지 갚으려니 도저히 대책이 서질 않았다.

_정봉규(지엔텍홀딩스 회장)

사채 부담으로 사업이 벼랑 끝에 이르렀다는 생각이 들자 정봉규 지엔텍홀딩스 회장의 머릿속에 '포기'라는 단어가 맴돌았습니다. 1982년 어느 날 늦은 저녁, 월급날은 내일로 다가왔는데 회사에는 월급을 줄 재원財源이 없었습니다. 직원들이 모두 빠져나간 사무실에서 홀로 우두커니 앉아 유리창 너머로 달을 바라보고 있노라니 심정이 참담하기 이를 데 없었습니다.

집에 돌아와 아내와 저녁을 먹고 함께 바람을 쐬려고 나섰습니다. 이렇게 살다가는 주변 사람 모두를 망하게 할 것이라는 두려움이 엄습해 오자 그는 모든 일에 자신이 없어졌습니다.

"여보! 우리 같이 죽읍시다."

그는 급기야 해서는 안 될 말까지 내뱉고 말았습니다. 그러나 아내의 첫마디는 그를 매우 당혹스럽게 했습니다.

"죽으려면 혼자 죽으세요."

잠시 정적이 흐른 뒤 아내는 도저히 살아갈 수 없는 이유를 세 가지만 대보라고 했습니다. 그가 아무 말을 하지 않자 아내는 차분하게 말을 이어갔습니다.

"최선을 다했는데도 결과가 그렇다면 그것은 당신의 운명이니 죄의식까지 가질 필요는 없어요. 다른 사람들은 사기를 쳐서 남의 재산도 빼앗는데 당신은 최소한 그러진 않았잖아요? 죽을 용기가 있으면 그 용기로 살아봐요. 누구나 이 세상에 태어났을 때는 나름대로 태어난 이유가 있다고 하잖아요? 우리 무엇이든 다시 시작해요."

아내는 "리어카를 끌고 시장에 나가 장사할 각오도 되어 있다"고 말하는 것이었습니다. 아내의 말에 용기가 솟았지만 장부丈夫답지 못한 생각을 잠시라도 했다는 사실에 그는 못내 부끄러웠습니다. 그날 밤, 앞으로는 어떤 어려움이 닥쳐도 집사람에게는 내색하지 않겠다고 다짐하면서 그는 두 주먹을 불끈 쥐었습니다.

다음날 평소 자금 융통을 도와주었던 지인을 찾아가 "회사의 재정이 안정될 때까지 빌린 자금의 이자를 월 1부로 내려주고 1년 동안 원금과

이자를 유예시켜 달라"며 간청했습니다. 그의 절박한 상황을 알아챈 지인은 주변 사람들을 설득시켜 주었고 원금과 이자 부담이 크게 줄어들자 회사는 자금 사정이 호전되면서 위기를 넘길 수 있었습니다.

그러한 어려움을 극복한 끝에 지엔텍은 1984년 8억 원 규모의 포스코 석회소성 공장 집진기 설비를 계약하면서 마침내 안정적인 기반을 다지기 시작했습니다.

나는 '벼랑 끝'이라는 말을 좋아한다. 절체절명의 위기에서나 혹은 기회일 때마다 나는 내 자신을 항상 벼랑 끝에 세웠다. 밀리면 끝장이기 때문에 아무리 거센 바람이 휘몰아쳐도 나는 결코 밀릴 수가 없었다. 오히려 더 힘이 났다. 그리고 나는 이겼다.

—박형미, 『벼랑 끝에 나를 세워라』 중에서

훌륭한 시도는 실패하더라도 위대하다

지난 국회의원 선거에서 낙선했을 때 한동안 정신이 멍해지고 머릿속이 텅 비어버리는 것 같은 충격을 받았다. 개표 당일 뜬눈으로 밤을 지새우고 난 뒤 다음날 집으로 돌아가는 버스 차창 너머로 거리, 나무, 집, 사람들이 어둠 속에서 차츰 제 모습을 보이자 현실감각이 돌아오기 시작했다. 짐을 풀고 이삼 일이 지나자 이젠 내가 국회의원이 아니라는 사실이 느껴졌다. 그러나 머릿속으로 떨어졌음을 인식하면서도 마음으로 받아들이지 못해 갈팡질팡한다면 이대로 영원히 패배자가 될지 모른다는 생각이 들었다.

_정우택(충북도지사)

바쁘게 살던 사람이 갑자기 할 일이 없어지면 심리적 공황 상태에 빠지게 됩니다. 어디로 가야 할지, 시간을 어떻게 보내야 할지 모른 채 멍해지는 현상은 선거에서 떨어진 정치인이라면 누구나 겪게 됩니다. 정치인뿐만 아니라 40~50대 가장들도 불황으로 회사가 문을 닫거나 구조조정으로 졸지에 직장을 잃게 되면 의욕을 상실하게 됩니다.

이런 상황에서는 과거에 얽매이기보다 하루빨리 충격에서 벗어나는 것이 시급합니다. 억울하고 허탈한 마음도 크겠지만 마음을 추스르고 현실을 있는 그대로 받아들여야 새로운 목표와 비전을 세우고 다시 출발할 수 있습니다.

살면서 한 번도 실패를 겪지 않고 순풍에 돛 단 듯이 살아온 사람은 거의 없을 것입니다. 실패를 모르는 사람은 오만해지기 쉽고 타인에 대한 연민의 정을 갖기도 어렵습니다. 오히려 이런 사람은 실패에 부딪쳤을 때 이를 극복하기보다 그대로 침몰할 가능성이 높습니다. 가급적 실패는 하지 말아야겠지만 한두 번 실패했다고 해서 인생 자체가 끝나는 것은 아닙니다.

사람이 감상적으로 흐르면 현실을 인정하지 못하고 세상 탓을 하거나 변명거리만 찾게 됩니다. 하지만 남 탓을 하며 주저앉아 있어도 아무것도 돌아오지 않습니다. 슬프지만 냉정한 현실입니다. 실패는 인생의 결과가 아니라 과정일 뿐입니다. 어쩌면 실패가 두려워 시작을 하지 않는 것이 더 큰 문제입니다.

실패는 반성의 기회인 동시에 도약의 발판이 되기도 합니다. 그러나 실패를 두려워하는 사람에게는 성공의 기회 역시 주어지지 않습니다. 젊은 시절에 겪었던 실패의 경험이 중요한 것은 험난한 인생역정에서 누구나 만나게 되어 있는 좌절의 가시덤불을 꿋꿋이 헤쳐나갈 귀중한 용기를 주기 때문입니다.

오늘의 자신을 있게 해준 지혜도 실수와 실패 속에서 다가왔다고 해도 과언이 아닙니다. 인간은 실패를 극복하는 과정에서 정신 영역을 확장시킬 수 있습니다.

인생의 갈림길에 설 때마다 '훌륭한 시도는 실패하더라도 위대하다'는 생각을 하면서 훌훌 털고 일어나 다시 새롭게 일을 시작하는 자세가 중요합니다.

스스로 기회를 만들어라

초등학교 교사로 아이들에게 한글과 구구단을 가르치던 나는, 어느 날 겉으로 드러나는 교육보다 인간의 존엄성과 내면의 영혼 자체를 사랑하는 것이 진정한 교육의 길이며, 정신적인 면을 지도하는 것이 더 참된 교육이라는 사실을 느꼈다. 교육을 뛰어넘는 것은 영혼을 사랑하는 것이다. 영적인 세계를 교육만으로 지도할 수 없다고 생각한 나는 목회자의 길을 걷기로 결심했다.

_정삼수(상당교회 담임목사)

정삼수 상당교회 담임목사는 교사생활을 하다가 목회자가 되기로 결심했습니다. 당시 신학대학은 4년제 대학을 나와야 입학 자격이 주어졌기에 그는 야간대학의 2학년으로 편입해 주경야독을 시작했습니다. 아침마다 버스로 대전역까지 가서 기차로 갈아타고, 영동역에서 내려서 역 앞에 보관해 두었던 자전거를 타고 50분을 더 가야만 근무지인 영동초등학교 화신분교에 도착할 수 있었습니다.

오후 세 시가 되면 그는 다시 대전으로 돌아가 여섯 시부터 진행되는 야간대학의 수업을 열한 시까지 듣고 새벽 한두 시까지 예습과 복습을 한 뒤 잠자리에 들었습니다. 그렇게 3년을 잠도 네 시간 이상 자지 않고 다람쥐 쳇바퀴 돌듯 끼니마저 거르며 지내다 보니 급기야는 영양실조 상태에 이르게 되었습니다. 넉넉지 않은 교사 봉급으로 교통비와 학비까지 충당해야 하는 신혼생활은 몹시도 힘들었습니다.

어렵고 힘든 나날의 연속이었지만 결국 그는 신학대학에 입학했고, 다시 미국의 풀러Fuller대학에서 목회학박사학위를 받았습니다.

그가 목사가 되기로 결심한 후 힘든 줄 알면서도 신학대학에 입학하기 위한 자격요건을 갖추기 위해 노력하고 실천하지 않았다면 오늘의 그는 있을 수 없다고 생각합니다.

분명한 것은 기회는 주어지는 것이 아니라 스스로 만들어가야 한다는 사실입니다. 힘겨운 목회자들의 삶을 어린 시절부터 지켜보며 자라왔음에도 그가 이 길을 택한 가장 큰 이유는 사명감 때문이었습니다. 그는 하나님과 함께 하는 지금의 생활에 더없는 만족을 느끼고 있다고 합니다.

정직과 성실

어느새 내 사업체도 연간 매출액이 1조 원을 넘어서고 종업원 수도 2,000명이 넘는 중견기업으로 성장했다. 사람들은 종종 묻는다. 기업을 이처럼 성장시킬 수 있었던 비결이 무엇이냐고. 그러면 "정직하고 부지런하며 감동을 주는 기업을 운영해야 한다"고 늘 같은 답변을 되풀이해 왔다. 기업은 정직하게 운영되어야 한다. 정직하다는 것은 진실을 말하는 것이고, 성실하다는 것은 그 진실을 실천하는 것이다.

_정구용(인지그룹 회장)

기업을 정직하고 성실하게 운영하면 당장은 바보 같고 손해를 보는 듯해도 나중에는 더 큰 믿음과 보상으로 고스란히 돌아옵니다. 때문에 '정직'과 '성실'은 기업에게는 미덕인 동시에 가장 큰 재산입니다.

그가 직원에게 우선적으로 요구하는 덕목은 정직입니다. 정직해야 당당해지고 당당해야 고객의 신뢰를 받을 수 있습니다.

정직함이 밑바탕에 깔려 있다면 이제는 그 위에 부지런함이 덧붙여져야 합니다. 부지런하지 않은 사람들이 잘살 수 있는 세상은 없습니다. 이 세상에 공짜는 없습니다. 정구용 인지그룹 회장은 출근길에 떨어진 담배꽁초를 줍는 일도, 아침에 일찍 일어나 골목길을 청소하는 일에 대해서도 훗날 큰 보상이 주어질 것이라고 말합니다.

이와 관련된 한 가지 유명한 일화를 소개해 보겠습니다.

한 노부인이 백화점에 들어가 물건을 구경하며 시간을 보내고 있었습니다. 대부분의 판매원들은 노부인의 허름한 옷차림을 보고 그녀를 외면했습니다. 그런데 한 남자 직원이 노부인에게 다가가 미소를 지은 채 예절 바른 음성으로 도와드릴 것이 없는지를 물었습니다.

이에 노부인은 "비가 와서 잠시 들른 것이며 물건을 살 생각이 없다"고 말했습니다. 그래도 남자 직원은 "백화점에 오신 것을 환영하며 물건을 사지 않더라도 언제든 들러 달라"면서 문을 나서는 노부인에게 우산을 받쳐주고 택시까지 잡아주었습니다.

부인은 차에 오르기 전에 그 직원의 명함을 한 장 받아서 돌아갔고 얼마 뒤 남자 직원은 대표이사로부터 호출을 받게 되었습니다. 대표이사가 그에게 내민 것은 노부인이 사장 앞으로 보낸 편지였는데 그를 영국으로 보내 자신의 주택 인테리어를 맡게 해달라는 내용이었습니다.

노부인은 바로 세계적인 부호, 강철왕 카네기의 어머니였던 것입니다. 남자 직원은 영국으로 갔고 이후 승진도 했습니다. 친절을 베풀어 얻은 기회였습니다.

기회란 이렇듯 항상 우리 주위에 머물며 그 기회를 잡을 수 있는 사람을 기다리고 있습니다.

직원에게 마지막으로 요구하는 덕목은 고객 감동입니다. 고객을 만족시키기만 해도 잘살던 시대가 있었습니다. 만들기만 하면 물건이 팔리던 시절에는 그랬습니다. 그러나 공급이 수요를 앞서는 상황에서 고객 친절과 고객 만족만으로는 그 이상 더 나아갈 수 없습니다. 지금은 고객 만족이 아니라 고객 감동과 고객 쇼크까지 부르짖는 시대에 살고 있습니다.

고객에는 내부 고객과 외부 고객이 있습니다.

내부 고객에게 감동을 주려면 회사에서 직원들이 행복하게 일을 하도록 해주어야 하고, 외부 고객에게 감동을 주려면 '언제나 고객은 항상 옳다' 는 대명제大命題에서 출발해야 합니다.

역지사지, 상대를 배려하라

인간은 누구나 이기적이며 자기중심적으로 판단하려고 한다. 나 또한 예외가 아니다.
최근 한상복의 『배려』라는 책을 감명 깊게 읽은 적이 있다. 상대에 대한 배려와 가족
의 소중함을 일깨워주면서 각박한 시대를 살아가는 우리의 가슴을 따뜻하게 해주는
책이었다. 배려(配慮)를 한자로 풀이하면 '짝을 생각하는 마음'으로, 상대방의 입장에
서 역지사지(易地思之)의 자세로 생각하는 것이다.

_정귀래(前 농수산물유통공사 대표)

조직에서도 서로 배려하는 마음이 있어야 건전한 경쟁과 혁신을 유도
할 수 있습니다. 가령 인사발령을 내는 경우에 기본적인 틀은 조직을 위
한 인사일지라도 구성원 개개인이 이를 어떻게 받아들일 것인지에 대해
한 번쯤 고려해야 합니다. 그런 다음 조직과 개개인의 입장을 배려하면
서 최대한의 공통분모를 찾아내고 개인적 희생을 최소화시켜야만 조직
을 매끄럽게 이끌어갈 수 있습니다.

배려하는 마음은 직장에서도 마찬가지입니다. CEO의 덕목 가운데서
매우 중요한 것이 '참을 줄 아는 것'입니다. CEO는 보통 사람보다 열정
적인 사람입니다. 열정이 있는 사람은 참기가 쉽지 않습니다. 그런데 참

을 수 있다는 것은 배려와 일맥상통하는 말입니다. 높은 지위에 있는 사람이 자신이 하고 싶은 이야기를 모두 다 해버린다면 누가 그를 존경하고 따르려 하겠습니까?

예컨대, 노조위원장이 노조원과 함께 대표이사를 찾아와서 간혹 지나친 행동을 할 때도 현명한 CEO라면 이를 참아낼 줄 알아야 합니다. 노조위원장도 어쩔 수 없이, 위원장의 자격으로 그렇게 하는 경우가 있다는 것을 이해한다면 참는 것이 바로 상대를 배려해 주는 것이기 때문입니다. 그런데 이를 인내하지 못하고 노조원이 보는 앞에서 위원장과 대립각을 세우거나 망신을 준다면 노사 문제는 늘 꼬일 수밖에 없습니다.

당해야 하는 상황에서는 당하는 것도 상대를 배려하는 것입니다. 직원들의 다양한 의견을 수렴해서 경영에 반영할 필요가 있다면 알아도 모른 척하는 것이 배려입니다. 인생에서 성공하기를 바라고, 진정한 CEO가 되려고 한다면 무엇보다 상대를 배려하고 역지사지하는 자세를 생활화해야 합니다.

배려하는 마음은 부부 간에도 마찬가지입니다. 식당에서 아내와 식사를 하거나 차를 탈 때 '아내 상석에 앉히기'를 생활화한다면 남편을 생각하는 아내의 생각도 달라질 것입니다.

아내의 마음을 편안하게 해주는 것도 배려입니다. 예컨대, 식당에 들어갔는데 남편의 눈에 정면으로 보이는 자리에 다른 여자가 앉아 있다면 처음부터 자리를 바꿔 앉는 것이 낫습니다. 식사를 하는 동안 남편의 시선이 다른 여자에게 머물 경우 아내가 싫어할 것은 불 보듯 빤하기 때문입니다.

배려가 먼저냐 사랑이 먼저냐는 순서를 따질 수 없습니다. 사랑하기 때문에 배려할 수 있습니다. 그러나 배려를 하다 보면 없던 사랑도 싹틀 수 있습니다.

성공을 부르는 **한마디**

모임 장소로 출발하기에 앞서 가장 따끈따끈한 뉴스를 알고 가라. 현재 지구촌에서 벌어지는 다양한 사건과 사고, 전망 등은 상대방의 취향과 상관없이 좋은 화제가 되며, 이로 인해 당신은 매우 스마트하다는 인식을 심어줄 것이다.

—레일 라운즈, 『사람을 얻는 기술』 중에서

밑지고 살아라

사무관으로 근무하던 시기에 같이 일하던 6급 주사가 승진시험을 앞두고 두 달 동안 휴가를 냈다. 늘 대하던 얼굴이 보이지 않으니 허전하기도 하고 공부를 잘하고 있나 궁금하기도 해서 어느 날 점심시간에 그의 집으로 찾아갔다. 빈손으로 가기도 뭣해서 수박 한 통과 포도를 사들고 갔는데 그는 이미 도서관으로 공부하러 간 뒤였다. 별 수 없이 부인에게 인사만 하고 되돌아왔다. 그러나 그 일로 그가 내게 진심으로 고마워하고 있다는 것을 알게 되었다.

_정우택(충북도지사)

사람은 상대가 보여주는 작지만 따뜻한 배려에 쉽게 감격하고 결코 그 고마움을 잊지 않게 됩니다. 주위에서 성공한 사람들을 보면 하찮다고 생각되는 작은 일도 소홀히 하지 않고 잘 챙겨서 여러 사람과 좋은 관계를 맺는 것을 종종 볼 수 있습니다.

"차관님하고 경제기획원에 같이 들어오신 사람이 몇 분이나 되십니까?"

"여러 명 들어왔는데 지금은 나만 남았네."

"그러면 차관님 혼자 고위직에 오르신 비결은 무엇입니까?"

"무색무취無色無臭했기 때문이 아닐까."

그가 경제기획원에 근무하던 시절, 과 직원들이 늦게까지 일하는 것을 보고 당시 차관으로 재직하던 분이 저녁을 사주며 격려해 줄 때 나눈 대화 가운데 한 토막이라고 합니다.

모나거나 튀는 행동을 하는 사람은 당장은 빛을 발할지 모르나 결국은 조직으로부터 배척당하기 쉽습니다. 실제로 일 잘하고 머리가 아무리 좋은 사람도 성격이 튀거나 모나면 오래 가지 못한다는 것을 우리는 종종 경험하게 됩니다.

정부 관료들은 사무관으로 10년 정도 일해 보면 상대의 능력이 어느 정도인지 대충 파악하게 된다고 합니다. 좋은 상사 밑에서 제대로 일을 배웠는지, 성격은 무난한지에 따라 '저 사람은 앞으로 어디까지 올라가겠다'는 개인적인 평가가 나온다는 것입니다.

시키지 않은 일도 찾아서 하던 그가 사무관에서 서기관으로 승진하자, 과課 계장들에게 업무를 고루 분담시키고 책임을 지게 했습니다. 또 일한 것에 대해 미비한 점은 지적하고 다음에 보고서를 작성할 때는 더 좋은 보고서를 만들 수 있도록 조언도 해주었습니다.

부하 직원의 능력을 키워주는 것도 상사의 역할 가운데 하나입니다. 상사와 부하는 공적인 일을 같이 해도 서로 간의 인간적인 신뢰가 없으면 손발이 맞지 않는 경우가 많습니다. 그런데 인간적 신뢰는 시간, 돈, 기회 등 내 것을 상대에게 양보하려는 아주 작은 배려와 관심에서 싹이 트며, 이 역시도 윗사람이 먼저 마음의 문을 열어주어야 합니다.

고기는 씹어야 맛이고, 편지는 쓸수록 좋아지며, 어려운 이는 찾아갈수록 친근해지듯, 인간관계에 감동을 주는 사람은 오랫동안 상대의 뇌리에 남습니다. 경험상으로 볼 때 인간관계는 좀 밑지고 사는 게 더 낫습니다.

감동을 주는 사람이 되라

헌정 사상 최초로 여소야대의 상황에서 예산결산위원장을 맡았을 때 나는 화내지 않고, 성내지 않고, 욱하지 않으면서 '그저 그러려니' 하려고 무척 노력했다. 성질이 급한 사람이 하루아침에 '욱'하는 버릇을 고친다는 것은 쉽지 않다. 스티커를 발부받은 데 항의하여 트럭을 몰고 파출소로 진입했다가 구속이 되고, 주차 문제로 아파트 경비와 싸우다 살인을 저지르는 행위는 모두가 수양 부족에서 나타난 행태들이다.

_정종택(前 내무부장관)

미국의 카네기재단에서 성공한 사람 1만 명을 대상으로 설문조사를 했습니다. "자신의 성공 요인이 무엇이라고 생각하느냐"는 물음에 응답자의 85퍼센트가 '인간관계'라고 답했으며, 나머지 15퍼센트가 기술, 능력, 재능 순으로 답했습니다.

보편적으로 보았을 때 빌 게이츠처럼 아주 특출한 사람이 아니라면 인간의 성공 여부는 사람과 사람 사이의 인간관계에 의해서 결정되는 것이 대부분입니다. 따라서 성공을 꿈꾸는 사람은 상대를 배려하고 칭찬하되 무엇보다도 겸손하게 자기를 낮출 줄 알아야 합니다.

주위에서 성공한 사람을 보면 아주 작은 일도 소홀히 하지 않고 잘 챙겨서 여러 사람과 인간적으로 좋은 관계를 유지하는 것을 볼 수 있습니다. 그들은 입, 손, 발이라는 세 가지 방문을 잘했습니다.

입의 방문은 부드러운 말로 상대를 칭찬하고 용기를 북돋아주는 것이며, 손의 방문은 편지나 메일 또는 문자메시지로 자신의 진솔한 마음을 전달하는 것입니다. 발의 방문은 상대가 아프거나 어려움에 처해 있을 때 찾아가서 위로해 주는 것인데 이런 것을 잘하는 사람들이 성공하고 큰일도 해낼 수 있습니다.

서울에서는 노인 복지의 일환으로 65세 이상이 되면 지하철 공사에서 경로우대증을 발급해줍니다. 그런데 이를 악용하는 무임승차객들이 있어 신분증을 확인하는 경우가 있습니다.

어떤 노인은 지하철 공사 직원이 신분증을 요청하면 귀찮기도 하고, 자신을 의심한다는 생각에 화를 버럭 내는데 짜증을 내봐야 본인만 스트레스 받고 건강만 해칠 뿐입니다. 이보다는 "젊게 봐줘서 고마워요" 하면서 친절하게 신분증을 제시하는 것이 상대에게도 좋고 본인의 정신 건강에도 이롭습니다.

젊었을 때는 내가 옳으면 반드시 해야 한다는 소신을 갖고 있었습니다. 그러나 연륜이 쌓이면서 옳은 것을 하는 것은 당연하지만 이를 어떻게 실천하느냐가 더 중요하다는 식으로 사고방식이 바뀌기 시작했습니다. 관점이 바뀌면 생각이 다른 사람을 만나도 감정 개입이 줄어들기 때문에 문제를 해결하면서도 좋은 인간관계를 유지할 수 있습니다.

이 과정에서 절실하게 깨달은 것이 있습니다. 그것은 바로 인생의 중요한 순간은 인간과 인간의 만남으로 결정된다는 사실이었습니다. 인간 관계에서는 서로에게 감동을 주는 사람이 되어야 상대의 뇌리 속에도 오랫동안 기억됩니다.

내가 먼저 상대를 배려하고 관심을 가져주는 것이 성공적인 인간관계의 출발이다. 상대를 위해 도울 것이 있다면 지금 당장 친절을 베풀어라.

—서필환 · 봉은희, 『인맥의 달인을 넘어 인맥의 神이 되라』 중에서

남을 먼저 생각하라

에덴원에 입소하겠다고 하자 정천수 목사는 "무엇 때문에 입소하려고 하느냐?"고 물었다. 나는 "솔직히 신앙생활을 하면 깨끗해지고 거룩해져야 하는데 죄악으로부터 벗어나지 못하고 있다"고 고백했다. 정 목사는 "율법적 신앙을 하면 몸은 건전해도 생각까지 다스리진 못한다"면서 "하나님의 사랑을 깨달아야 하나님을 사랑할 수 있고, 하나님이 나를 어떻게 사랑하는가를 느껴야 내 마음도 다스릴 수 있다"고 설명해 주었다.

_박병상(청천재활원장)

'하느님의 사랑을 깨달아야 내 마음도 다스릴 수 있다'는 정천수 목사의 이 말에 감동을 받은 박병상 청천재활원장. 그는 에덴원에 입소한 다음부터 생각이 조금씩 다스려지는 것을 경험했다고 합니다. 입소한 뒤 자신보다 남을 먼저 생각하는 마음을 갖고 이를 실천에 옮기자 시설 관계자는 물론 수용자들도 그를 좋아하고 무척 따랐습니다.

이를 달리 표현한다면 나보다 남을 섬기는 자세가 되어야만 리더가 되고 존경도 받을 수 있다는 말이 됩니다. 다른 사람보다 높은 곳에 서고자 하는 사람은 먼저 남을 섬길 줄 알아야 합니다.

자기중심적이고 이기적인 생각을 하면 시야도 좁아집니다. 그러나 나보다 이웃, 이웃보다 사회, 사회보다 국가를 먼저 생각하는 사고방식을 갖게 되면 세상을 바라보는 시야도 점차 넓어지게 됩니다. 내가 관심을 두고 있는 사람이 새 옷을 바꿔 입으면 금방 알아차리듯, 나보다 이웃, 이웃보다 사회를 먼저 생각하는 자세를 가지면 사회의 구조도 쉽게 파악할 수 있습니다.

자식들을 지도자로 키우려면 어려서부터 남을 먼저 생각하는 사고방식과 습관을 길러주어야 합니다. 다른 사람보다 내 힘이 강하다면 나보다 약한 사람을 도우라는 뜻이고 내 머리가 뛰어난 것은 그렇지 못한 사람을 도우라는 뜻임을 가르쳐야 합니다.

어릴 때부터 친구들에게 눈을 돌릴 수 있도록 남을 먼저 생각하는 자세를 심어준다면 아이들이 사회에 나와 성공하는 데도 많은 도움이 될 수 있습니다.

나보다 어려운 친구와 도시락을 같이 나눠 먹을 줄 알아야 그늘진 사회에 눈을 돌리게 됩니다. 어려운 친구를 돕기 위해 의협심과 희생정신을 발휘할 때 친구들도 따르게 되는 것입니다.

학교 교육도 그렇게 바뀌어야 합니다. 아이들이 즐겨보는 만화나 영화는 물론 사회의 공기公器인 언론도 아이들에게 '베푸는 가치관'을 심어주는 노력을 아끼지 말아야 합니다.

사회생활도 마찬가지입니다. 혼자만 살려고 발버둥을 치면 사회의 지탄을 받고 자립 기반을 만들기도 힘들지만 자신을 희생해 가면서 남을 돕다 보면 그 과정에서 같이 먹고 살 수 있는 것이 사회구조입니다.

남을 생각하는 사고방식과 습관이 체질화되면 사회 어느 분야에서 일하든 성공적인 지도자가 될 수 있습니다.

사람들은 작은 일에 감동받는다. 그것은 작은 것이지만 그 안에는 커다란 마음이 들어 있기 때문이다. 상대방의 관점에서 바라보는 것은 사람에게 다가서는 첫 번째 예의다.

—한상복, 『배려』 중에서

남을 배려할 때 나도 발전한다

김천호 교육감은 어린 나이에 집에서 나와 입주 가정교사로 일해야 했습니다. 그러다 보니 힘들고 서러운 순간도 있었고, 그에게 도움이 된 부분도 있었습니다.

그가 얻은 긍정적 성과는 이렇습니다.

첫째, 인내심을 기를 수 있었습니다. 부모와 떨어져 살다 보니 어리광을 부리지 못했고, 갖고 싶고, 먹고 싶고, 하고 싶은 것도 참아야 했습니다. 용돈이 떨어져도 스스로 해결해야 했습니다.

둘째, 공부하는 습관이 정착되었습니다. 과외 지도를 마치고 그가 할 수 있는 일이라고는 책 읽는 것밖에 없었습니다. 그 시절에는 텔레비전도 없었고 라디오도 귀했습니다. 고향집에는 전기가 아예 들어오지 않을 때였고, 그가 있던 집도 자정이 되면 전기가 끊겼습니다. 그래서 항상 램프와 촛불을 준비하고 공부했는데 책을 정독하는 습관은 이 무렵에 형성되었습니다.

셋째, 학습 방법을 터득한 것도 귀중한 소득이었습니다. 아이들을 지도하려면 본인이 먼저 이해를 해야 했는데 이것이 학습 방법을 깨우치는데 결정적 도움이 됐습니다.

반면 힘들었던 부분도 있었습니다.

매일 두 시간씩 두 명을 따로 가르치다 보니 시간에 쫓겨 자신의 공부를 할 시간이 항상 부족했습니다. 가족과 떨어져 살며 고독과 싸우는 일도 힘들었습니다.

남의 집에서 사는 동안 그는 불필요한 말을 가급적 삼가고 모든 것은 스스로 판단해야 했습니다. 또한 주인 가족에게 피해를 주지 않으려고 방으로 들어갈 때나 댓돌머리와 대청마루를 지날 때에도 발소리가 나지 않도록 항상 뒤꿈치를 들고 다녔습니다.

더부살이에다 용돈도 주인집에서 타서 쓰는 입장이었기에 목소리를 죽이면서 죽어지내는 사람처럼 처신했습니다. 자연스럽게 입도 무거워졌고 말도 좀처럼 하지 않게 되었는데 이때의 습관이 몸에 배여 사회에 나와서도 김천호 전 충북교육감은 자기 의견을 강력히 피력하는 일이 드물었습니다.

그러나 입주 가정교사를 하는 동안 자연스럽게 형성된 남을 의식하고 배려하는 마음은 사회생활을 하는 데 큰 보탬이 되었습니다. 제12대 교육감 선거에서 그가 최다 득표로 당선됐던 것도 여러 가지 해석이 있겠지만 따지고 보면 자신을 내세우기보다 항상 남을 배려하는 마음과 자세를 가졌던 것이 가장 컸다는 것이 주위의 분석이었습니다.

당신의 재능은 사람들 머릿속에 기억되지만 당신의 배려와 인간적인 여백은 사람들 가슴 속에 기억됩니다. 가슴으로 당신을 기억하는 사람들은 모두 다 당신 편입니다.

―이철환, 『못난이 만두 이야기』 중에서

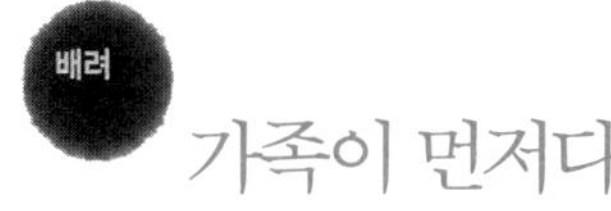

가족이 먼저다

학창 시절 친구들과 딸기미팅에 참가했다가 아내를 처음 만났다. 아내는 국군간호사 관학교를 다니고 있을 때였다. 우리는 한동안 만나지 않다가 대학가의 가을축제가 시작될 무렵 다시 만났고, 사귄 지 6년 만에 백년가약을 맺었다.

나는 출퇴근에 앞서 반드시 아내와 포옹을 한다. 부부 간에도 좋은 습관을 갖는 것이 중요하기 때문에 지금도 하루에 한 번 이상은 사랑한다는 말과 함께 아내를 칭찬하려고 노력하고 있다.

_김원용(세미텍 대표이사)

김원용 대표이사의 아내는 간호장교 육군대위로 예편했는데 아이들 교육에 매우 열성적이었습니다. 그런데 초등학교 3학년에 재학 중이었던 큰아들이 엄마의 열성적인 교육열을 오히려 지나친 간섭이라고 생각한 나머지 어느 날 정색을 하면서 "더 이상 내 일에 간섭하지 마"라고 하는 바람에 그녀를 당황케 했다고 합니다.

그에겐 두 아이가 있는데, 엄마가 잔소리를 하면 작은아이는 자기 감정을 숨기고 삭이려 노력했지만 큰아이는 논리를 전개하며 엄마와 설전을 벌였습니다.

초등학교 때 가끔씩 아빠에게 판정을 의뢰하기도 한 큰아이의 일기장에는 '아들은 피고, 엄마는 검사, 아빠는 너그러운 재판장님'이라는 문구도 등장했다고 합니다.

"아이들을 나무라지 않고 너무 너그럽게 대한다"며 그에게 섭섭함을 드러내던 아내는 그때부터 공부를 시작하더니 교원시험에 합격해 1995년 3월부터 보건교사로 교편생활을 시작했습니다.

그러던 아내가 12년 만에 교사생활을 접고 교회 활동만 열심히 하자 김원용 대표이사도 아내에게 가급적 더 많은 시간을 할애하려고 하고 기분도 맞춰주려고 노력하고 있습니다.

그는 아내에게 '사랑한다'는 말을 너무 강조하다 보니 "남편이 주업이고 세미텍 사장은 부업"이라는 소리도 종종 하곤 했습니다.

아내와 잘 아는 사이인 정은영 아나운서는 아내에게 이런 이야기를 듣고 라디오 프로그램인 〈러브 스페이스 1015〉에서 그동안 남편이 한 말들을 모아 '남편 어록 4탄'이라는 이름으로 방송에 소개한 적이 있습니다.

당시 방송에 소개된 내용은 이렇습니다.

1탄, 예쁘면 다냐? – 아내와 싸울 때

2탄, 이것까지 잘하면 어떻게 하냐? – 아내가 음식 맛에 자신 없어 할 때

3탄, 잘 된 것은 당신 덕분, 잘 안된 것은 내 탓 – 집안의 모든 것을 평가할 때

4탄, 진은자 남편이 주업이고 세미텍 사장은 부업이다 – 아내에 대한
사랑을 강조할 때

가정이 화목하려면 가정을 이끌어가는 가장의 역할이 중요합니다. 그는 아내를 호칭할 때에도 '허니Honey'라고 부르는데 때로는 유치하고 느끼할수록 사랑도 깊어진다는 것이 그의 평소 지론입니다.

아내가 힘들어할 때 여러 말로 설득하는 것보다 꼭 안아주며 이렇게 말하세요.
"여보, 힘들지?"
남편이 직장 문제로 사업상의 어려움이 있을 때 남편의 손을 꼭 잡으며 이렇게 말하세요.
"여보, 힘들지요? 내가 당신을 위해 기도하고 있어요."
학교시험에서 떨어지거나 일에 실패해서 괴로워하는 자녀들이 있으면 꼭 안아주며 이렇게 말하세요.
"난 너를 사랑한단다. 그리고 너를 믿는단다."

—김성묵, 「고슴도치 부부의 사랑」 중에서

하늘은 스스로 돕는 자를 돕는다

긍정적으로 살려고 할 때 옆에서 도와주면 그 도움은 발전의 원동력이 된다. 그런데 일은 하지 않고 짜증만 내면서 자포자기를 하면 다른 사람도 도와주지 않으려고 한다. 현실을 인정하면 누구나 자신이 처한 위치에서 성실히 일할 수 있는데 이를 불평만 하고 있으면 해야 할 일도 안 하게 된다. 장애인도 마찬가지다. 신체적 불구라는 현실을 원망하고 불평하며 비관적인 생각만 하면 할 수 있는 일도 안 하게 된다.

_박병상(청천재활원장)

사람은 누구나 스스로 할 일을 열심히 할 때 조금 더 발전된 일을 도모할 수 있게 됩니다.

『성경』에도 홍해를 가를 때 '너희는 왜 기도만 하고 서 있느냐, 전진하라'는 대목이 나옵니다. 그리고 실제로 발목이 바닷물에 잠기기 시작했을 때 바닷길이 열립니다.

이 말을 음미해 보면 가만히 앉아서 기도만 해서는 안 되고 바다를 향하여 전진하는 등 적극적인 자세를 취했을 때 비로소 바닷물이 열리기 시작했다는 것을 알 수 있습니다.

이렇듯 자신이 먼저 절망적인 환경에서 벗어나려고 노력할 때 주위에서도 도와주려고 하는 것입니다. 따라서 주어진 환경을 극복하고 전진을 하려면 먼저 자기 자신을 겸허하게 되돌아보고 자신의 부족한 모습을 수용할 줄 알아야 합니다. 부족한 학력을 인정하는 사람만이 검정고시를 준비하고, 야간대학에 다니며, 대학원에 진학할 수 있는 것과 마찬가지입니다.

현실을 인정하고 받아들이는 것은 곧 나를 용서하는 것이며, 자신을 인정하고 받아들일 때 자신감도 생기고, 그래야 남들도 나를 용서하고 이해하며 위로해 줄 수 있습니다.

자신을 용서하지 못하는 사람은 남도 용서하지 않습니다. 그래서는 앞으로 나갈 수 없습니다. 자기가 처한 현실을 받아들일 때 비로소 발전의 기틀이 마련됩니다.

성공은 마음에서 출발하여 행동으로 이어지게 됩니다. 자신의 한계를 극복하고자 하는 것은 자기 자신의 마음가짐에 달려 있습니다. 중요한 것은 긍정적인 사고방식입니다. 하늘도 스스로 돕는 자를 돕는다고 했습니다.

변화가 되기를 바란다면 스스로 다가올 날에 대비하여 임계점臨界點, The Critical Point 상태를 형성해야만 합니다. 하늘은 스스로 돕는 자를 돕는다는 것도 따지고 보면 인간이 스스로의 자유의지에 의해 계기를 만들어야 하늘도 함께 할 수 있다는 것을 뜻하는 말입니다.

자기가 자신을 포기한다면 누구도 그런 사람을 도와주려 하지 않을 것이며, 스스로 실천하지 않는다면 하늘도 도와줄 수 없습니다. 진흙 구덩

이에 빠져 있어도 하늘은 나의 편이라는 확신만 가지고 있다면 언제든 어려움을 딛고 일어설 수 있습니다. 사람은 자신이 생각한 만큼 뛰어오를 수 있습니다.

긍정적인 인간관계를 구축하라

나는 세상에 불가능은 없다고 생각한다. 한 방울 한 방울 떨어지는 물이 바위에 구멍을 내듯 하고자 하는 일에 신의, 성실, 최선을 다하다 보면 해결책은 반드시 나오게 되어 있다.

인간관계도 항상 긍정적인 눈으로 세상을 바라보아야 한다. 나는 정책 등 업무적인 문제가 난관에 봉착했을 때도 업무를 처리하는 사람과의 신뢰관계가 형성되면 쉽게 실마리가 풀리는 것을 숱하게 경험했다.

_이현재(前 중소기업청장)

가깝고도 멀다는 이웃 일본과 거래를 하다 보면 서로 간에 불편한 일들이 참으로 많습니다. 양국 간의 신뢰를 회복하는 일에 관심을 쏟던 이현재 전 중소기업청장은 인간관계에서 '신뢰'를 쌓는 일이 무엇보다 시급하다고 판단했습니다. 그래서 자리에서 물러난 일본의 통상대신을 서울로 초청도 하고 그 사람들과 인간적인 교류를 하면서 2년 반 가까이 지냈습니다. 그렇게 통상성의 일본 경제 관료들과 신뢰관계를 구축해 나가자 어려웠던 문제들도 조금씩 풀리기 시작했다고 합니다.

무슨 일이든 포기하지 않고 끝까지 인간관계를 유지하며 신뢰를 가지고 최선을 다하면 이루지 못할 것이 없습니다.

이 점에 있어서는 글로벌 시대를 살아가는 중소기업들도 마찬가지입니다. 지금은 세계시장이 완전히 개방되어 있기 때문에 제품을 만들더라도 국내 1등이 아닌 세계 1등을 만들어야 합니다. 따라서 기업인들도 멀리 내다보면서 세계시장으로 진출하려는 자세와 함께 스스로 도 변화하고 혁신하려고 끊임없이 노력해야 합니다.

그러나 중소기업의 인간관계 역시 기업과 기업의 사이에서도 마찬가지로 서로 믿음의 관계가 형성되었을 때 까다로운 문제도 해결이 가능하듯, 모든 것은 조직 간의 신뢰관계가 형성되었을 때 난관도 자연스럽게 이겨낼 수 있을 것이라고 믿습니다.

성공하는 사람은 말부터 다르다. 그들의 말은 늘 확신에 차 있고, 긍정과 낙관으로 가득하다. 성공했기에 말이 달라진 것이 아니다. 말이 다르기에 성공한 것이다. 성공할 기미가 없는 사람들을 보라. 그들은 말에 자신이 없고 부정과 비관으로 가득 차 있다. 그리고 늘 남을 탓하고 남을 욕한다.

—김영식, 『10미터만 더 뛰어봐』 중에서

Yes라고 대답하라

사회생활을 할 때, 매사를 긍정적으로 검토하는 자세가 무척 중요하다.

교육계에 몸담고 있는 동안 상급자가 지시를 내리면 싫다거나 못하겠다는 소리를 한 번도 해보지 않았다. 어찌 보면 제도나 일에 순종만을 미덕으로 여기는 순치(馴致)된 인간으로 볼 수 있겠으나 일만큼은 항상 긍정적으로 검토하여 추진했다. 나는 무엇이든 부족함을 느끼면 이를 보완하는 것을 게을리 하지 않았다.

_김천호(前 충북도교육감)

김천호 전 충북도교육감이 청주 한벌초등학교로 전근가서 첫 체육주임으로 발령을 받았을 때의 일입니다.

지금은 학교장이 체육주임을 임명하지만 당시에는 교육청에서 임명하여 보냈습니다. 그는 체육에 대해서 나름대로 일가견은 있었습니다. 그러나 축구의 '축'자도 모르던 그에게 학교에서 6학년 축구부원을 모아놓고 축구를 지도하라고 했습니다.

기술 지도는 코치가 하면 되지만 이론적인 지식이 부족해 난감해진 그는 우선 대한축구협회가 마련한 축구지도자 연수교육을 자청해서 받기로 했습니다. 지도자로서 최소한의 이론적 무장을 갖춰야 한다고 판단했기 때문입니다. 이후 대전과 서울 등지에서 열린 지도자 교육에 잇따라 참가하면서 그곳에서 배운 내용을 코치와 함께 실습하고 이를 선수들에게 접목시키는 데 최선을 다했습니다.

매사를 긍정적으로 대처하다 보니 가르친 보람도 조금씩 나타났습니다. 이때부터 선배들도 '그 친구는 무슨 일이든 맡기면 틀림없이 해내는 사람'이라고 인정을 해주기 시작했는데 이런 것들이 그의 삶과 직장생활에 긍정적 영향을 미쳤습니다.

그가 축구부 감독으로 활약하던 당시에 지도했던 축구선수로는 현재 강원FC 감독인 최순호를 비롯해 첫 주장이었던 홍종원, 윤기섭, 이정구, 남상세, 윤용한 등 60여 명이 넘습니다.

이후 학교에서는 탁구부까지 맡겨 낮에는 축구를 지도하고 밤에는 탁구를 가르쳐야 했습니다. 또한 그가 태권도 유단자라는 사실을 알고는 상급 학생들에게 태권도를 전수하라고 하기에 고학년 학생 전원을 운동장에 모아놓고 1,000명에서 많게는 1,300명을 한꺼번에 가르치기도 했습니다.

이러한 노력 덕분에 한벌초등학교는 국가대표급 선수들을 많이 배출했습니다. 탁구선수 중 남자는 조항엽, 김장익, 허준 선수가, 여자는 김순홍, 박향순, 정현숙, 조영자 등이 대표선수로 선발되어 전국대회에 참가하였고, 이것이 계기가 되어 김기택 등 수많은 국가대표급 선수들이 탁구 '한벌'의 명성을 전국에 떨쳤습니다.

이 과정에서 교육의 앞날을 걱정하는 풍토와 분위기가 성숙될 수 있도

록 노력하고, 교육자로서의 길을 충실하게 걸으면서 맡은 바 일을 긍정
적인 자세로 열심히 하다 보니 외부적 여건과 분위기가 점차 성숙되면
서 그는 교사로서는 최고 영예의 자리인 교육감이라는 위치까지 올라갈
수 있었습니다.

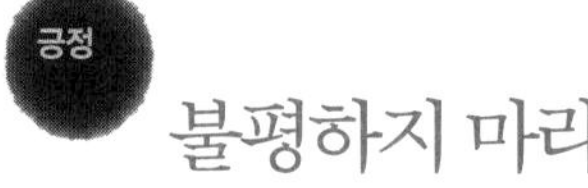

불평하지 마라

헬렌 켈러는 말했다. '장애인은 불편하지만 불행하지는 않다'고. 사지(四肢)가 멀쩡한 데도 그늘진 삶을 사는 사람이 있는가 하면, 오체(五體)가 불만족한 상태에서도 건강하게 살아가는 사람이 있다. 그리고 이들이 펼치는 감동 드라마는 작은 고통에도 힘겨워하는 비장애인을 한없이 부끄럽게 만든다.

_박병상(청천재활원장)

1984년 7월 어느 날, 친구와 거나하게 술을 마신 박병상 청천재활원장은 자전거를 타고 경북 포항 산업도로 내리막길을 따라 신나게 페달을 밟다가 커브를 제때 꺾지 못해 길옆에 주차된 11톤 트레일러와 충돌하면서 그대로 정신을 잃고 말았습니다.

한 달 만에 의식이 돌아왔을 때 그는 포항의 선린병원 중환자실에 누워 있었고, 이미 하체는 마비되어 폴리를 사용해 소변을 보아야 하는 1급 1호 중복 장애인 신세가 되어 있었습니다.

뜻밖의 교통사고로 신체적 불구(不具)가 된 그는 현실을 받아들이지 못한 나머지 여러 차례에 걸쳐 자살을 시도하게 됩니다. 그러나 그때마다 자살은 실패로 돌아갔고, 그는 척수 장애인으로 8년간을 누워서만 살아야 했습니다.

　그러던 어느 날 그는 장애자라는 현실을 인정하기로 하고 '이제는 나와 같은 장애인들을 위해 살아보자'며 삶에 대한 의지를 새롭게 다지게 됩니다.

　그 결과 박병상 원장은 스스로 신체적 고통을 극복했고, 1997년부터는 척수 장애인과 정신지체 장애인들을 모아 함께 재활의 꿈을 키워가고 있습니다.

　충북 괴산에 있는 청천재활원은 머리와 손과 발이 만나 상생하는 사랑의 동산입니다. 이곳에서는 척수 장애인들이 정신지체 장애인의 머리가 되어주고, 정신지체 장애인들은 척수 장애인의 손발이 되어주며 살아가고 있습니다.

　그들은 장애인끼리만 돕고 사는 게 아니라 비장애인들도 도우며 살아가고 있습니다. 장애인이라고 해서 일방적으로 도움만 받으며 살아야 한다는 것도 자존심이 허락하지 않았던 것입니다.

　박병상 원장은 지역의 자활후견기관장을 맡아 영세민 집수리와 간병인 사업, 공동 부업, 푸드뱅크 사업 등을 하면서 불우이웃은 물론 지역사회에서 필요한 여러 가지 형태의 일들을 하고 있습니다. 박병상 원장은 과거의 복지가 일방적으로 받는 형태였다면 앞으로의 복지는 서로 주고받는 모습이 되어야 한다고 말합니다.

　그는 자신과 환경, 사람에 대해서는 절대로 불평하지 않습니다. 장애인도 사회가 필요로 하는 자리에 있어야 하며, 장애인의 사고방식이 바

뛰어야 더불어 사는 사회도 열릴 수 있다고 주장합니다. 그는 '재활원도 사회 속에서 공존의 틀을 마련하고 지역에서 하나의 기관이라는 자부심을 갖고 할 일을 해야 한다'며 나름대로의 구상을 기획, 입안하여 이를 실천해 가고 있습니다.

나는 오체(五體)가 불만족스러운 상태로 태어났다. 불만족은커녕 오체 가운데 사지(四肢)가 없다. 하지만 많은 친구들과 함께 휠체어를 타고 구석구석을 누빌 수 있는 지금의 생활에 만족한다. 나는 소리 높여 외치고 싶다. 장애가 있지만 인생은 즐겁다고.

—오토다케 히로타다, 『오체 불만족』 중에서

소수파 인생일수록 최선을 다하라

소수파 인생은 소외 개념과는 다르지만 끌어주고 밀어주는 사람이 없는 외로운 입장 이어서 최선을 다하지 않으면 안 된다. 집안이나 학벌이 좋은 사람이 사물을 비판적 으로 보면 멋있게 보일 수도 있다. 그러나 그렇지 못한 사람이 비판적 시각을 드러내 면 '심사가 비뚤어져서' 라든지, '성격이 못돼서' 라는 비난을 받기 쉽다. 때문에 소수 파 인생일수록 사물을 긍정적으로 바라보아야 한다.

_염홍철(前 대전광역시장)

염홍철 전 대전광역시장의 삶은 소수파 인생으로 점철되어 있습니다.

충남 논산 채운초등학교를 졸업한 그는 친구 두 명과 강경중학교로 진학했는데 강경초등학교 출신 아이들의 텃새가 심해 한동안 기를 펴지 못했습니다.

겨우 학교생활에 익숙해질 무렵에 고등학교로 진학해야 했으나 동생들도 공부해야 하는 마당에 혼자만 대학에 가겠다고 할 형편이 아니었습니다.

할 수 없이 취업을 하려고 대전공업고등학교 기계과로 진학하니 강경중학교 출신은 또 혼자였습니다. 그러나 그는 '한다발회' 라는 모임을 조직해서 친목을 도모하고 RCY충남학생협의회장을 맡아 대외활동을 벌이며 조직을 장악하는 리더십을 발휘했습니다.

3년 뒤 친구들이 취업 전선에 뛰어들 때 그는 4년 동안 장학금을 받는 조건으로 경희대학교 정치외교학과에 입학하는 바람에 다시 소수파 인생이 되었습니다.

대학 시절 그는 6·3 사태 때 학생시위를 주도하다 강제로 입대했지만 제대한 뒤에 전임강사가 되었고, 경희대 부총장의 신임을 받아 그 뒤로는 경남대학교 교수로 발탁되었습니다. 그때 나이가 스물아홉, 당시에는 석사학위가 없는 교수들도 꽤나 많을 때였습니다. 하지만 동료 교수들은 대부분 일류대를 나왔거나 해외유학파 출신들이 많아서 그는 여기서도 소수파 인생을 벗어날 수 없었습니다.

소수파 인생을 살아오는 동안 염홍철 전 대전광역시장은 두 가지 원칙을 반드시 지켰습니다. 하나는 집안도 변변치 못한 만큼 이를 극복하려면 남보다 몇 배 노력해야 한다는 것이고, 다른 하나는 모든 것을 긍정적으로 생각하자는 것이었습니다.

교수 시절에 그는 남보다 몇 배 더 공부하고 훨씬 더 많은 논문을 썼습니다. 새벽 다섯 시에 일어나 아침 여덟 시 이전에 출근했고 방학에도 쉬는 적이 없었습니다. 청와대 정무비서관으로 일하던 5년 동안은 아예 자기 시간을 내본 기억조차 없다고 합니다. 한밭대학교 총장 시절에는 수위를 빼고 교직원 가운데 가장 먼저 출근하는 사람이었습니다.

소수파 인생을 살면서 그는 『제3세계와 종속이론』이라는 책을 써서

‘주변은 절대 중심이 될 수 없다’는 종속이론을 소개했습니다. 그러나 지금까지 살아오면서 ‘주변도 노력하면 중심이 될 수 있다’는 것을 몸소 입증했다는 점에서 한편으로는 뿌듯하다고 말합니다.

천하에 어디 중심이 있으랴. 우리가 발 딛고 선 땅이 공처럼 둥근 것이라면 누구나 어디에 서 있건 중심이 된다. 문제는 그 사람의 마음이다. 항상 중심에 서서 살아가면서도 변두리 의식을 버리지 못하면 그는 영원한 주변인이다.

—김종록, 『장영실은 하늘을 보았다』 중에서

앉은 자리가 꽃자리다

남의 떡이 더 커 보이는 것은 인지상정이다. 그런데 때로는 도가 지나쳐 사람들이 이로 인해 좌절하고 고통스러워하는 경우를 가끔 본다. 현재의 상황에 만족하지 않기에 향상심(向上心)도 생기고 이것이 계기가 되어 노력을 하다 보면 조금씩 더 큰 성공을 거두는 것도 사실이다. 그러나 주변을 돌아보면 자신의 위치나 능력은 생각하지 않고 지나칠 만큼 조급하게 남과 자신을 비교하며 성공에 대한 초조함을 갖는 경우를 볼 수 있다.

_홍재형(국회의원)

홍재형 국회의원이 관세청장을 하던 시절, 정희영 차관이 수출입은행장을 맡아달라는 제의를 그에게 해왔습니다. 이를 받아들이면 공무원 조직을 떠나야 한다는 사실이 섭섭하긴 했지만 그는 흔쾌히 수락했습니다.

재무부와 외국에서 쌓은 경험을 바탕으로 수출입은행을 이끌다 보니 곧바로 능력을 인정받았습니다. 이후 그가 다시 외환은행장으로 자리를 옮기려 하자 수출입은행 노조에서는 가지 말라고 데모를 하고 외환은행에서는 오지 말라고 데모를 하는 진풍경이 벌어졌습니다.

외환은행장으로 취임한 이후 각 지역의 본부장들을 차례로 만난 뒤 만찬장에서 대화를 나누는데 한 간부가 "행장님은 기생충과 같은 존재가 되지 마십시오"라고 주문하는 것이었습니다. 그동안 전임자들이 은행장 자리를 출세의 발판으로 삼아온 데 따른 관행을 과감하게 떨쳐버려 달라는 충고였던 것입니다.

외환은행장 시절 그는 대출에 대한 외부 청탁과 인사 청탁을 모두 차단하고 직원들에게는 '능력을 향상시켜 업무 역량으로 평가받을 수 있도록 하라'고 주문했습니다.

사람은 누구나 시간이 흐르면 자기가 있던 자리를 떠나게 됩니다. 따라서 지난날을 돌이켜보았을 때 자신에게 떳떳하려면 현직에 있을 때 최선을 다해야 합니다.

어느 분야든 성공한 사람들이 처음부터 정상에 올라선 경우는 없습니다. 있는 자리에서 주어진 일에 최선을 다하다 보면 다음 직책으로, 또 더 높은 직책으로, 최종 목표를 향해 차츰 올라가게 되는 것입니다. 내일의 희망이나 원대한 꿈도 중요하지만 오늘 주어진 일에 최선을 다하다 보면 일상의 노력이 거듭된 결과가 미래의 성공으로 나타나게 되는 것입니다.

영어 구문 중에 'Bloom where you are planted'라는 표현이 있습니다. '심어진 그 자리에서 꽃을 피우라'는 말인데 공초 오상순 선생이 '시방 가시방석처럼 생각하는 너의 앉은 자리가 바로 꽃자리이니라' 라고 말씀하신 것과 일맥상통하는 표현입니다.

현실에 만족해서 안주하거나 그 자리에서 주저앉는다면 발전할 수 없습니다. 하지만 자기의 현재 위치를 정확히 파악하고, 모자란 부분이나 부족한 부분에도 불구하고 일을 긍정하면서 미래를 설계한다면 어떤 자리에서든 전진은 가능한 것입니다. 매사를 긍정적으로 인식하면서 착실한 노력을 거듭해 나간다면 외적으로나 내적으로 그만큼 성숙되어 있는 자신을 발견할 수 있을 것입니다.

1959년, 여든 살이 넘은 노스님이 티베트에서 중국의 침략을 피해 히말라야를 넘어 인도에 왔다. 그때 기자들이 놀라서 노스님에게 물었다.
"어떻게 그 나이에 그토록 험준한 히말라야를 아무 장비도 없이 맨몸으로 넘어올 수 있었습니까?"
그러자 노스님이 대답했다.
"한 걸음, 한 걸음, 걸어서 왔지요."

—법정, 『홀로 사는 즐거움』 중에서

현실을 인정하고 다시 시작하라

에덴원에서 생활하는 동안 나는 많은 것을 배울 수 있었다. 가장 큰 성과는 부모와 처음으로 떨어져 살면서 자립의지를 키울 수 있었다는 점이다. 내가 에덴원에 입소하자 시골에서 같이 지내던 알코올중독자 한 명이 나와 함께 있겠다고 따라 들어왔다. 그런데 처음에는 나의 손발이 되어주겠다던 그가 한두 달이 지나자 "혼자서 할 수 있는 일을 왜 하지 않느냐?"고 짜증을 내며 사사건건 내게 시비를 걸면서 물고 늘어졌다.

_박병상(청천재활원장)

박병상 원장은 에덴원에서 알콜중독자에게 육체적 도움은 받을지언정 정신적으로는 그를 이끌어가야 했습니다.

때문에 부축은 해주지 않고 짜증을 내며 큰소리만 치는 그에게 화가 났지만 더 이상 구박을 받기 싫어 욕실까지 엉덩이로 밀고 이동해서 혼자 목욕을 하려고 안간힘을 썼습니다. 팔 힘을 기르기 위해 틈이 날 때마다 아령을 들고 운동을 한 결과 얼마 뒤에는 혼자서도 휠체어를 탈 수 있게 되었습니다.

동료였던 설래경 목사는 박병상 원장이 힘들어 할 때마다 그를 다독이며 "어떤 조건, 어떤 환경에 처해 있든 현재가 스스로의 발전을 위해 가장 좋은 위치라고 생각하라"고 조언해 주었는데 그 말이 가장 가슴에 와 닿았다고 합니다.

이때부터 그는 하는 일 없이 빈둥거리기보다 "전화기라도 갖다 달라"고 하여 걸려오는 전화를 받는 등 일거리를 스스로 찾아서 하기 시작했습니다. 동료 원생들을 상담하고 위로하는 일에서부터 「상가로」라는 광고책자를 펴놓고 전화로 후원자를 모집하는 일도 했는데 도와주겠다는 사람도 나타났습니다.

그가 무엇이든 능력껏 해보려고 적극 나서자 에덴원 설립자인 정천수 목사가 그에게 에덴원 사무장 일을 맡겼습니다.

정 목사는 원생이 나보다 남을 사랑하는 마음을 갖게 되면 직원으로 발탁하고, 에덴원을 맡겨도 되겠다고 판단되면 여왕벌처럼 떠난다는 구상을 갖고 이를 실천하고자 했습니다. 이를 테면 1년간 홍보부장 직책을 맡겨 일처리를 잘하면 원장 자리까지 그에게 내주고 자신은 미련 없이 에덴원을 떠나겠다는 식이었습니다.

정 목사는 실제 자신의 구상대로 원장 자리를 내놓았고, 지금은 다른 곳에서 희망재활원을 설립하여 또 다른 봉사를 하고 있습니다.

이후 에덴원은 여러 사람들이 번갈아가며 이끌어갔는데 박병상 원장 역시 정 목사의 인정을 받기 시작하면서 새로운 삶을 살아갈 기회를 얻게 되었습니다.

정 목사 덕분에 그는 사단법인 청천재활원을 설립하여 정신지체 장애인과 신체 장애인들이 함께 서로 도우며 살아가는 보금자리를 만들 수 있었고, 지금은 자활기관장까지 맡아서 비장애인까지 도우며 살아가고 있습니다.

내 유년시절은, 내겐 부모님이 계시지 않는다는 사실을 깨달은 데서 출발했다. 그러자 곧바로 철이 들었다. 천애의 고아가 부모 슬하에서 성장하는 아이들을 이길 수 있는 길은 공부밖에 없음을 본능적으로 알아차렸다. 졸음을 쫓기 위해 촛불에 손가락 끝을 태우며 공부했고, 장학금을 탔고, 독지가의 후원을 받았다.

—오영진, 『사랑하니까 사람이다』 중에서

배도 물이 받쳐줘야 뜬다

내가 공직생활을 시작한 1960년대는 경제개발 5개년 계획이 추진되던 때다. 국가 행정에 종사했던 공무원 입장에서는 활기차고 보람된 경험을 할 수 있었던 기간이었다. 또한 잠자고 있던 국민의 침체된 의식을 일깨우면서 지역사회와 국가 발전을 주도한다는 자부심을 갖고 업무에 매진하던 시절이었다. 지금 생각해 보면 그러한 시기에 국가공무원이 되어 국가와 지역사회의 발전에 기여할 수 있었던 것도 엄청난 행운이었다.

_이원종(前 서울시장)

이원종 전 서울시장은 1967년 행정고시에 합격하면서 네 직급을 수직 상승한 사무관이 되어 서울시청으로 발령을 받습니다. 당시 서울시는 대단히 폐쇄적이어서 고시 합격자들이 오는 것을 꺼리는 분위기였지만 고시 선배들의 도움으로 시정연구계장을 맡게 됩니다.

시정연구계장은 불합리한 제도를 고치는 시정 개혁을 추진하는 것이 주된 업무였습니다. 그러나 업무 내용 자체를 몰라 그는 모든 것을 하나하나 배워야 했고, 함께 근무하는 직원들이 자기보다 나이가 훨씬 많아 이들을 통솔하는 것도 난감한 노릇이었습니다.

고민 끝에 그는 배우는 자세로 임하기로 마음을 먹고 직급이 높다고 윗사람 행세를 하지 않은 채 직원들에게 겸손하게 깍듯이 예의를 갖췄습니다. 그러자 많은 사람들이 그를 따라주었고, 6개월이 지나자 그도 어느 정도 업무를 파악하게 되었습니다.

5·16 이후 '불도저'라는 애칭으로 불렸던 당시 김현옥 서울시장은 서울시를 대대적으로 바꾸려고 노력했는데 박정희 대통령도 김 시장에게 큰 힘을 실어주었습니다. 도시 계획이나 토목 사업 등은 제도 개선을 통해 시민에게 질 높은 서비스를 제공한다는 면에서 상당히 중요한 분야였습니다.

이 기간 동안 그는 김 시장의 뒤에서 많은 일들을 추진했습니다. 실무 경험이 많았으면 오히려 과감하게 바꾸지 못했을 제도 개선에서부터 서식 바꾸기와 결재 단계의 축소, 잘못된 관행들을 바로잡기도 했습니다. 이를 지켜본 주위에서는 그의 업적을 높게 평가해 주었고, 덕분에 그는 과장과 국장 등 상사들에게도 인정을 받기 시작했습니다. 그렇게 몇 년이 지나자 그는 시청 내에서 나름 신선한 이미지를 굳히며 자리를 잡을 수 있었습니다.

그 후 지방정부의 핵심인 예산, 기획, 행정 등의 부서를 거치며 실무능력을 키웠고 내무, 교통, 주택, 보건사회국장을 역임하며 도시 관리 경험도 쌓았습니다. 용산구, 성동구, 강동구, 성북구, 동대문구를 돌아가며 다섯 개 구청장으로 일하는 동안 국제도시 서울을 가꾸고, 달동네 도시 영세민을 돌보는 일도 골고루 경험했습니다.

이원종 전 시장이 시골에서 처음 상경했을 때, 서울시는 근접하기조차 두려운 곳이었습니다. 가난하고 왜소한 그에게 서울은, 남산 자락에 올라 시가지를 내려다보며 수많은 집들 가운데 발 뻗고 누울 수 있는 방 한 칸의 허락을 절규하던 저항의 대상이었습니다.

그러나 27년이라는 오랜 기간 동안 서울시에서 근무하면서 600년 도읍지인 서울이 너무나 소중해졌고, 이제는 그 속에 사는 사람들도 사랑스러워졌다고 합니다.

벼는 익을수록 고개를 숙인다. 물은 깊을수록 소리가 나지 않는다. 프로일수록 겸손하고 개방적이며, 자신에 대해서든 자신의 일에 대해서든 많은 사람들의 의견을 구한다.

—전옥표, 『이기는 습관』 중에서

겸손

사람은 누구나 필요한 위치에 서 있다

가출 청소년이나 오갈 데 없는 부랑아를 시설로 데려오면 처음에는 무료로 먹고 잘 수 있게 되었다는 사실에 감사해 하면서 일도 열심히 도와준다. 하지만 이들도 시간이 흐르면서 시설에서의 생활에 더 이상 적응하기가 어렵다고 판단하면 막판에는 돈을 훔쳐 간다든지 하는 식으로 사고를 치며 떠나는 경우를 종종 본다. 그러나 나는 인간관계란 본전치기이며 사람들은 항상 공평하게 주고받는다고 생각한다.

_박병상(청천재활원장)

뙤약볕이 내리쬐는 무더운 여름날, 밭에서 잡초를 뽑던 농부는 한숨과 짜증이 절로 났습니다.

"신은 왜 이토록 쓸모없는 잡초를 만들어 나를 고생하게 만든단 말인가."

근처를 지나던 동네 노인 한 분이 그 말을 듣고 농부에게 말했습니다.

"여보게, 잡초도 다 이 세상에 태어난 이유가 있다네. 비가 내리면 흙이 떠내려가지 않도록 막아주고, 건조한 날에는 먼지나 바람에 의한 피해를 막아주지. 또한 진흙땅에 튼튼한 뿌리를 내려 흙을 갈아주기도 한다네. 잡초가 없으면 자네가 땅을 고르려 해도 흙먼지만 일고 비에 흙이

씻겨내려 이 땅은 쓸모없이 되었을 것이야. 자네가 귀찮게 여긴 그 잡초가 바로 자네의 밭을 지켜준 일등 공신이라네.”

세상에 쓸모없는 것은 없습니다. 모든 것은 나름대로 존재의 의미를 갖고 이 세상에 보내진 것입니다. 비록 영혼은 보이지 않지만 꽃은 꽃의 모양과 향기의 옷을 입고, 잡초는 잡초 모양의 옷을 입고 세상에 보내졌습니다.

이 세상에 어느 것 하나 소중하지 않은 것이 없습니다. 단지 우리의 좁은 생각이 그렇게 느끼고 있을 뿐 모든 것은 각각의 쓰임새와 의미로 세상에서 존재의 이유를 갖고 살아가는 것입니다. 내가 지금 어떤 모습이건 내면에는 반드시 보이지 않는 가치가 있습니다. 그 가치를 어떤 모습으로 어떻게 보여주는가 하는 것은 자신에게 달려 있습니다.

시설에 있는 직원 입장에서는 기저귀를 찬 아이가 때로는 가장 골칫덩어리로 보일지 모릅니다. 그러나 그들이 있기에 후원자들이 후원금을 보낸다는 사실을 잊어서는 안 됩니다.

처음에는 박 원장도 부랑아들이 재활원 시설에 들어왔다가 나갈 때 일방적으로 피해만 주고 떠나간다고 괘씸하게 생각했습니다. 그러나 지나고 나서 생각해 보니, 그들은 전구를 갈아 끼워주고 보일러가 고장이 났을 때 손을 보는 등 장애인이 하지 못하는 일에 도움을 준 일이 한두 가지가 아니었다고 합니다.

알코올중독자도 마찬가지였습니다. 그가 구박과 핀잔을 주었기에 박 원장이 이를 악물면서 아령을 할 수 있었고, 덕분에 결국은 휠체어를 혼자 타고 다닐 수 있을 정도로 팔의 힘을 기를 수 있었습니다.

사람은 누구나 필요한 위치에 서 있다는 것이 그의 생각입니다. 악인도 악한 날에 쓰기 위해 필요하다는 말이 있습니다. 세상에 필요 없는 사람은 없으며 모든 사람은 저마다 나름대로의 존재 가치가 있습니다.

자신을 사랑하는 사람만이 진정으로 타인을 사랑할 수 있다. 스스로를 비하하는 사람은 누구도 구제해 줄 수 없다. 그런 사람은 자기 암시를 통해서라도 나를 사랑하는 연습을 반복해야 한다.

—서필환 · 봉은희, 『인맥의 달인을 넘어 인맥의 神이 되라』 중에서

으뜸이 되려면 먼저 종이 되라

1991년 대통령비서실 내무행정비서관을 거쳐 1992년 충북도지사로 발령을 받았다. 지역 언론은 금의환향한 도백(道伯)이라며 무척 반겼지만 과연 내 능력으로 잘할 수 있을까, 처음에는 심적 부담도 컸다. 관선지사로서의 재임기간은 정확히 11개월이었는데 역시 고향은 따뜻한 곳이었다. 실제로 서울시 행정은 웬만큼 잘해도 반응이 없었으나 고향에서는 작은 일을 해도 이를 값지게 받아들여 주었다.

_이원종(前 서울시장)

이원종 전 서울시장의 고향에서는 도지사가 가까운 거리를 관용차를 이용하지 않고 걷거나, 야근하는 직원들과 소주에 삼겹살을 먹어도 '신선한 바람'으로 평가했고, 농민들과 막걸리를 마셔도 '서민적인 지사'라며 반색을 했습니다.

관선 시절 그는 청주권 광역계획과 오창단지를 포함해 몇 가지 사업은 상당히 구체화시켰으나 충북도의 장래에 대한 청사진을 제시할 기본 골격은 미처 짜지 못했습니다.

김영삼 정권이 출범하자 제주를 제외한 전국의 시·도지사가 모두 물러나면서 그도 졸지에 실업자 신세가 되었습니다. 그때 도청 직원과 도민, 그리고 지역 언론들이 아쉬워하던 모습을 보면서 고향에 대한 그의 애착도 더욱 강렬해졌습니다. 이런 감정들이 시나브로 쌓인 것이 훗날 도민에게 보답해야 한다는 마음으로 민선지사에 출마하는 계기가 되었습니다.

김영삼 대통령은 문민정부의 첫 서울시장으로 김상철 변호사를 임명했습니다. 그러나 김 시장은 그린벨트 내에 집을 지은 것이 언론을 통해 알려지면서 문제가 되어 일주일 만에 사임해야 했습니다.

서울에 올라온 지 사흘째 되던 날 박관용 청와대 비서실장으로부터 전화가 걸려왔습니다. 전화로 연결된 김영삼 대통령은 그에게 "서울시장을 맡아달라"고 요청했습니다.

그는 김 대통령과 특별한 연고가 없었기 때문에 이 같은 제의를 의아하게 생각했는데 나중에 알고 보니 전임 김상철 시장이 여론의 도마 위에 오르자 김 대통령은 충북에 사람을 보내 그에 대한 정보를 다각적으로 수집하고 검토한 끝에 그에게 서울시장을 맡기기로 결정한 것임을 알게 되었습니다.

막상 대통령으로부터 요청을 받았지만 서울시장을 과연 잘해낼 수 있을까에 대한 두려움이 앞섰다고 합니다. 서울시 행정은 양적으로도 방대하지만 질적으로도 복잡해서 잘못하면 겉돌다 갈 수밖에 없을 정도로 힘든 자리라는 것을 누구보다도 잘 알기 때문이었습니다.

걱정하는 그를 돕기 위해 서울시 국장, 구청장급 간부들이 모여 "우리와 한솥밥을 먹으며 지내온 이원종 시장을 모시고 서울시의 자존심을 살리자. 이 시장을 중심으로 서울시의 긍지를 되찾자"는 결의까지 해주었습니다.

그가 서울시장이 된 것은 고향 충북과 서울시 공무원들의 우호적인 여론이 뒷받침된 덕분이니 결국 충북도민과 서울시 공무원들이 그를 서울시장에 임명해 준 것과 다를 바 없습니다.

그는 항상 이야기합니다. '으뜸이 되려면 종이 되어야 한다'고. 배도 물이 받쳐줘야 물에 뜰 수 있다는 것은 만고불변의 진리입니다.

동료와 대화를 할 때에는 겸손이 아주 중요하다. 나는 부족하니까 많이 배우겠다고 하면 동료와의 관계는 굉장히 좋아지게 된다.

—조서환, 『모티베이터』 중에서

하루에 한 가지, 상대방을 칭찬하라

나는 주례에 대한 아픈 추억을 갖고 있다. 아내와 결혼식 날짜를 잡고 주례를 모시기 위해 대학 시절 은사님을 찾아갔는데 "그날 약속이 있어 주례를 설 수 없다"면서 공대 학장에게 부탁을 하라는 것이었다. 다시 공대 학장을 찾아갔더니 "기계과이지 전자공학과가 아니어서 주례를 설 수 없다"며 거절하는 바람에 할 수 없이 예식장에 주례를 의뢰해서 결혼식을 올렸다.

_김원용(세미텍 대표이사)

김원용 대표이사가 결혼식을 올리던 당시는 결혼식에서 주례를 굉장히 중요하게 생각하던 시절이었습니다. 그런데 그가 주례를 부탁했던 분들이 사정상 거절하는 바람에 지금까지도 아쉬움이 남아 있습니다. 그랬기에 김원용 대표이사는 누군가가 주례를 부탁하면 기꺼이 들어주려고 노력합니다.

1995년 그가 엘지반도체 생산부장으로 근무하던 시절, 한 현장 사원의 부탁을 받고 서른여덟이라는 젊은 나이에 난생 처음으로 주례를 서게 됐습니다. 집안이 힘들어 어려운 가정환경 속에서 자라난 직원이 전경 시절에 사귄 아가씨와 결혼을 하면서 주례를 서달라고 고집스럽게 부탁해 온 것입니다.

그렇게 해서 물꼬를 튼 것이 하이닉스를 퇴직할 때까지 총 여섯 번이나 되며, 세미텍 내의 사내결혼 커플 두 건까지 그는 모두 여덟 차례의 주례를 섰습니다.

한 번은 그와 열두 살밖에 차이 나지 않는 사람이 주례를 서달라고 하여 광주까지 내려간 적도 있었습니다.

그는 주례사를 짧게 하는 편입니다. 주례 내용은 먼저 신랑 신부가 처해 있는 상황, 집안끼리의 소개나 사회적 부분, 가정 이야기를 간략하게 언급합니다. 그리고 신랑 신부에게는 공통적으로 하루 한 번 이상 사랑한다고 말할 것, 하루 한 가지 이상 상대를 칭찬할 것, 출퇴근할 때나 외출 시엔 반드시 포옹을 할 것을 말하며 이 세 가지를 반드시 지키라고 주문합니다.

'칭찬은 고래를 춤추게 한다'고 할 정도로 칭찬의 효과는 뛰어납니다. 칭찬의 긍정적인 효과는 새로운 가치를 창출해 내는 힘을 가지고 있습니다.

칭찬은 또 일에 흥미를 느끼게 하고 도전할 수 있도록 도와주는 기회를 제공해 주기도 합니다.

칭찬은 상대에 대한 관심이자 사랑을 표현하는 것입니다. 어른이나 아이는 물론 직장에서도 부하 직원에게 칭찬을 해주면 모두들 좋아합니다. 사람에게는 누구나 칭찬을 듣고 싶어 하는 속성이 있기 때문입니다. 아이들에게 잔소리를 하면 "아 짱나" 하고 도망가지만 칭찬을 하면 그들의 어깨가 으쓱해지면서 부모의 말을 잘 듣는 것을 볼 수 있습니다.

칭찬 문화를 기업이나 단체에 접목시키려는 CEO들도 많아지고 있습니다. 이는 칭찬의 긍정적인 효과가 기업에도 영향을 미친다는 의미이기도 합니다.

남을 칭찬하는 데는 돈도 시간도 들지 않는다. 아내에게 "사랑하오. 당신 멋져요. 당신이 내 사람이라서 얼마나 기쁜지 몰라요"라고 말하기가 그렇게 어려운가. 직원에게 "자네는 정말 일을 잘하는구먼. 열심히 일해 주어서 정말 고맙네"라고 말하는 데 몇 분이나 걸리는가. 마음으로만 고마워하고 칭찬하는 것으로는 부족하다.

—조엘 오스틴, 『긍정의 힘』 중에서

직원들을 수시로 격려하라

지엔텍의 주력 제품인 집진기(Dust collector)는 생산 현장에서 발생하는 분진(粉塵), 즉 먼지를 모은 다음 순간적으로 필터에 고압의 바람을 불어넣어 이를 제거하는 설비이다. 환경 사업은 기술이 있는 업체가 시장을 독점할 수밖에 없다. 나는 아무리 어려워도 매출액의 5~6퍼센트 가량은 연구 개발 비용으로 투자하는 등 기술 개발에 힘써왔다. 납품 업체들이 값싼 설비 시설을 선호할 때도 절대로 덤핑에 동참하지 않고 오로지 기술 개발로 승부를 걸기 위해 직원들을 수시로 격려하고 칭찬하면서 기술 개발에 매달렸다.

_정봉규(지엔텍홀딩스 회장)

경영인들이 할 일은 엔지니어의 기술 개발 의지를 북돋아주는 일입니다.

정봉규 회장은 연구원들이 연구를 하다 수억 원씩 손해를 보아도 크게 개의치 않았습니다. 오히려 집진 설비를 국산화하기 위해 일본에서 분체공학을 연구한 연세대 대학원 출신 정동백 박사를 기술고문으로 영입하여 밤낮 없는 실험을 거듭하도록 했습니다.

실패가 반복되는 동안 회사의 재정적 어려움도 컸지만 포기하지 않고 연구원들을 격려했습니다. 그 결과 국내 최초로 집진 효율이 99.9999퍼센트 이상인 마이크로 펄스 에어백 필터를 개발하는 데 성공했습니다.

지엔텍이 오늘날 급성장할 수 있었던 배경은 1만분의 1단위 이하의 미세 먼지까지도 잡아내는 세계 최첨단 신기술을 확보했기 때문입니다. 그 신기술 중 하나가 바로 마이크로 펄스 에어백 필터와 VIPVertical Integral Purse집진기 수평식 여과장치로, 현재까지 최고로 각광받고 있는 집진 설비들입니다. 특히 VIP 집진기는 미국, 독일, 일본, 중국 등 5개국에서 국제특허를 획득해 지엔텍이 세계로부터 품질과 기술력을 인정받는 결정적 계기가 되었습니다.

2003년 전기집진기의 국내특허 등록에 이어 2005년에는 탈질용 촉매 백하우스Bag House 등 차세대 제품을 개발해 대기환경 시장에서 확고한 입지를 다지며 안정 궤도로 진입할 수 있었던 것도 기술 개발 덕분이었습니다.

지엔텍은 대성목재와 한일시멘트, 포스코 납품을 계기로 사업이 안정 궤도에 올랐으나 이에 만족하지 않고 직원들을 격려하고 칭찬해 주며 끊임없이 기술 개발에 힘쓴 결과, 환경 사업 분야의 정상에 올라설 수 있었습니다.

"일생을 마친 다음에 남는 것은 우리가 모은 것이 아니라 우리가 남에게 준 것이다. 재미있는 일이야. 악착스레 모은 돈이나 재산은 그 누구의 마음에도 남지 않지만 숨은 적선, 진실한 충고, 따뜻한 격려의 말 같은 것은 언제까지나 남게 되니 말이야."

—미우라 아야코, 『속 빙점』 중에서

상대의 말을 경청하라

삼성그룹 창업주인 故 이병철 회장은 1970년대 후반 셋째 아들인 이건희 회장을 자신의 후계자로 정한 뒤 경청(傾聽)이라는 휘호(揮毫)를 물려주었다. 이 회장은 이때부터 자신의 말을 극도로 아끼고 남의 말을 귀 기울여 듣는 데 각별한 신경을 썼다고 한다. 자연히 인생의 좌우명도 '경청'이 됐고 실제로 그러한 경청 자세가 삼성그룹을 일류 기업으로 이끈 중요한 원천이 됐다는 게 삼성 내부의 평가다. 그런데 이번에는 이건희 회장이 아들인 삼성전자 이재용 전무에게 두 개의 휘호를 주었다. 하나는 부친에게 물려받은 '경청'이고, 여기에 '삼고초려(三顧草廬)'가 추가됐다.

_김봉수(키움증권 부회장)

영국 격언에 '말을 많이 하면 후회가 늘고, 많이 들으면 지혜가 는다'는 말이 있습니다.

최고경영자라면 이 같은 '경청'과 함께 본능적으로 인재에 대한 욕심도 대단합니다. 이건희 회장 역시 회사의 미래를 위해 필요하다면 삼고초려, 아니 그 이상을 해서라도 반드시 인재를 확보하라는 자신의 의지를 내비친 것으로 해석됩니다.

지금 이 시각에도 인재 양성과 영입을 위한 기업들의 노력은 지구촌

곳곳에서 전쟁을 방불케 합니다. 기업을 움직이는 것은 사람입니다. 제조업은 사람과 시설이라고 하지만 금융기관은 사람이 전부라고 해도 과언이 아닙니다.

김봉수 부회장도 키움증권 회사 설립을 준비하면서 홍콩까지 가서 삼고초려를 하여 인재를 영입해 온 적이 있습니다. 그의 표현에 따르면 금융기관에서 인재의 가치는 A급과 B급의 차이가 10분의 1이 넘는다고 합니다. 그래서 인재를 찾으면 직원에게 무조건 스카우트하도록 했고, 그래도 움직이지 않으면 자신이 직접 나서기도 했다는 것입니다.

키움증권이 설립 6년 만에 거래량 기준 9퍼센트대의 시장점유율을 기록하며 증권업계 최고 수준의 수익성을 자랑하는 기업으로 성장할 수 있었던 배경은 '인터넷 엔진'이 제 기능을 발휘하며 폭발적인 성장을 이룬 점도 있지만 임직원들의 뛰어난 '맨 파워man power'가 뒷받침되었기에 가능했습니다.

키움증권의 맨 파워는 남다릅니다. 기획을 담당하는 윤수영 전무는 창립부터 영업 및 전략 부문을 지휘하면서 철저한 시장 분석에 따른 영업 정책을 펼쳤고, 업계 최초로 개별 종목 특성에 따라 증거금률을 차별화한 '증거금률 스펙트럼제도'를 정착시켰습니다.

인사와 재무를 담당하는 '살림꾼' 김문기 전무는 대폭적인 영업 확장에도 불구하고 비용을 동결 수준으로 묶어 회사의 수익성 향상에 크게 이바지했습니다.

상품 운용을 담당하는 주원 상무는 최적의 위험 관리로 운용 규모 대비 효율적인 수익을 올렸으며 주식운용, 선물옵션, 파생상품 등 각 운용 팀별로 특성을 살려 시장 위험에 대응하는 수익 구조를 마련했습니다.

이렇듯 경청과 삼고초려는 성공적인 삶을 꿈꾸는 사람이라면 누구나 가슴 속에 새겨야 할 말이라 생각합니다.

경청을 하면 상대방은 자신을 인정받았다는 안도감을 갖게 되고, 당신이 경청한 만큼 당신을 신뢰하게 된다. 사람은 누구나 자신의 말에 귀기울여주는 사람과 함께 하고 싶어 한다.

—래리바커 · 키티왓슨, 『경청의 힘』 중에서

3장

기회는 변화 속에 숨어 있다

기회와 변화

• • •

어려움과 시련이 없는 성공은 없다. 누구나 고난과 역경을 이겨내고 성공을 쟁취하는 것이지 거져 주어지는 성공은 없다. 문제는 어떻게 위기를 기회로 바꾸고, 주어진 기회를 놓치지 않고 활용하느냐다. 위기는 곧 기회요, 기회는 언제나 변화를 통해 생겨나고 자라난다는 사실을 잊지 말아야 한다. 위기를 회피하고 변화를 두려워하는 사람은 결코 성공의 기회를 잡을 수 없다.

걸림돌을 디딤돌로 승화시켜라

만일 내가 사법고시에 합격했다면 기고만장한 나머지 잘돼야 검사장이나 지방법원장
밖에 못했을 것이다. 그런데 임시직 촉탁으로 공직생활을 시작했기 때문에 고시에
합격한 동기보다 두세 배 더 노력해야 한다는 각오로 시작했고, 그 결과 1급 관리관
까지 초고속 승진을 하고 헌정사상 충북 출신으로서는 최초로 고향인 충북도지사와
5개 부처 장관, 그리고 3선 국회의원을 역임할 수 있었다.

_정종택(前 내무부장관)

마쓰시다 그룹의 마쓰시다 고노스케 회장은 일본에서는 경영의 신神으
로 추앙받는 신화적인 존재입니다. 이 때문에 일본의 어머니들은 아들
을 낳으면 "고노스케 닮아라"라고 덕담을 했고, 경영자들 사이에서는
'마쓰시다 주의'라는 신조어가 생겨나기도 했습니다.

그의 아흔 살 생일날 기자들이 찾아와 그에게 성공 비결을 물어보았습
니다.

"회장님은 어떻게 해서 큰 부자가 되었고 전 국민의 존경을 받게 되었
습니까?"

"저는 세 가지 은혜를 입고 태어났기 때문입니다."

그가 입었다는 세 가지 은혜는 놀랍게도 '가난한 것, 허약한 것, 못 배운 것'이었습니다. 가난했기에 부지런히 일해야 했고, 몸이 허약했기에 아흔 살이 넘도록 겨울에도 냉수마찰을 했으며, 초등학교를 4학년 때 중퇴했기에 세상 사람 모두를 스승으로 여기며 배우는 일을 게을리 하지 않았다는 것입니다. 역경을 하늘이 내린 은혜로 생각하는 그의 긍정적 사고방식이 바로 그의 성공 비결이었던 것입니다.

고노스케 회장은 "감옥과 수도원의 차이도 불평을 하느냐, 감사해 하느냐 하는 차이이며, 감사하는 마음이면 감옥도 수도원이 될 수 있다"고 말했습니다.

어린 나이에 학교를 중퇴하고 박봉의 견습 사원으로 일하다, 1918년 스물네 살의 나이에 쌍소켓을 제조하는 마쓰시다 전기를 창업한 고노스케 회장. 그는 1989년 95세의 나이로 숨을 거두기 전까지 마쓰시다 그룹을 내셔널National과 파나소닉Panasonic 브랜드를 내세워 세계시장을 주름잡는, 종업원 13만 명에 세계 20위의 다국적 기업으로 성장시킨 경영의 귀재鬼才였습니다.

지난 1,000년 동안 일본을 주름잡았던 경제 인사들 중에서 가장 위대한 경제인으로 추앙받는 고노스케 회장은 "기업 이윤의 원천은 인간에게 있고, 비즈니스는 마음의 게임이며, 인간의 잠재 능력을 극대화하고 모든 종업원의 능력을 마지막 1퍼센트까지 다 발휘할 수 있도록 하는 것이 경영의 핵심"이라고 말했습니다.

고노스케 회장은 불행한 환경을 조금도 탓하지 않고 오히려 이를 '하늘이 내려준 은혜'라 여기며 긍정적으로 살아왔기에 세계적인 마쓰시다 그룹을 만들 수 있었던 것입니다.

결과론적인 이야기가 될 수 있지만 지나온 나날을 되돌아보면 정종택 전 내무부장관도 사법고시에 떨어졌던 것이 그에게는 더할 나위 없는 약이 되었던 것이라고 할 수 있습니다.

시련은 누구에게나 있습니다. 중요한 것은 걸림돌을 어떻게 디딤돌로 승화시키느냐 하는 의지에 달려 있습니다.

열등감을 이겨내라

"가난하다고 말하지 마라. 나는 들쥐를 잡아먹으며 연명했다. 배운 게 없다고, 힘이 없다고 탓하지 마라. 나는 내 이름도 쓸 줄 몰랐으나 남의 말에 귀 기울이면서 현명해지는 법을 배웠다. 너무 막막해서 포기해야겠다고 말하지 마라. 나는 목에 칼을 맞고도 탈출했고, 뺨에 화살을 맞고 죽었다 살아나기도 했다."

정구용 회장이 힘들 때마다 한 번씩 되새겨보는 칭기즈칸 어록 중 한 구절입니다.

정 회장의 첫 번째 열등감은 '건강'입니다. 병으로 많은 고생을 했던 그는 건강을 위해 저녁이면 빼놓지 않고 실내 자전거를 30분 이상씩 탑니다. 골프를 칠 때도 부득이한 경우를 제외하고는 카트를 타지 않습니다. 1979년 무렵, 입원과 퇴원을 수시로 반복하면서 오랫동안 병마病魔와 싸워야 했던 그는 30년이 흐른 지금도 건강검진을 정기적으로 받고 있고, 현재는 매우 건강한 상태입니다.

그의 두 번째 열등감은 '학력'입니다. 그는 학력이 고졸이지만 불과 몇 년 전까지만 해도 은행 대출용으로 제출하는 회사의 대표이사 이력서 난에는 최종학력이 '00대학교 졸업'이라고 적혀 있었습니다. 직원들이 대출을 받을 때 대표이사의 학력이 '대졸'이 아니면 평점이 좋지 않아 그렇게 써놓았던 것입니다.

그런데 어느 날, 한 은행에 들렀다가 지점장이 "00대학교를 졸업하셨다면서요?"라고 묻기에 엉겁결에 "아, 예" 하고 얼버무렸는데 "몇 년도에 졸업하셨느냐?"고 꼬치꼬치 캐물어 곤혹스러웠던 적이 있었다고 합니다.

한번은 상장회사 협의회에서 자문위원을 맡아달라는 것을 한사코 거절했는데 얼마 뒤에 '자문위원으로 위촉됐으니 이력서를 보내 달라'고 해서 '00고 졸업'이라고 적어 보냈답니다. 그랬더니 새로운 자문위원들을 소개하는 자리에서 사회자가 다른 사람은 모두 어느 대학을 나오고 어느 대학원을 졸업해서 박사학위를 취득했다는 식으로 소개를 하더니 정 회장의 차례가 되자 학력은 전혀 언급하지 않고 'H자동차 등 여러 회사에서 근무하다가 창업에 성공한 유일한 오너 자문위원'이라고 소개하는 것을 보고 쓴 웃음을 지었다고 합니다.

그는 학력 열세를 이겨내려고 끊임없이 노력했습니다. 항상 손에서 책을 놓지 않았고, 각종 세미나에 꾸준히 참석하고 최고경영자 과정을 마쳤으며, 최근에는 사이버대학을 통해 강의도 열심히 듣고 있습니다.

그는 말합니다. 열등감은 누구에게나 있고, 중요한 것은 이를 이겨내려는 마음가짐이라고 말입니다.

주변 환경을 탓하지 마라

시골 출신이었던 나는 또래 아이들끼리의 토론 모임인 청운클럽 참석과 수학여행을 계기로 도시 친구들과 대화를 나누면서 소중한 사실을 깨닫게 되었다. 그것은 한없는 부러움의 대상이었던 도시 아이들도 나름대로 어려움이 있고 고민도 있음을 알게 된 것이었다. 가족 문제로 고민하는 친구, 단칸방에서 셋방살이하는 아이, 가난을 극복하려고 신문 배달을 하는 학생 등 이들도 각자 처한 상황과 어려움이 있음을 알게 되면서 내 마음 속을 휘젓고 다녔던 좌절과 불만도 서서히 줄어들었다.

_이원종(前 서울시장)

어린 시절 가난한 자신의 집을 은근히 원망하기도 했다는 이원종 전 서울시장. 그가 가난하지만 자신의 집이 행복한 가정임을 느끼게 된 것은 청운클럽에 참석하고, 수학여행을 다녀온 후부터였습니다.

다섯 형제와 누님 한 분 등 대가족이 한 집에 살았지만 인근에서도 알아줄 정도로 형제간의 우애가 좋았고, 위계질서도 분명했습니다.

맏형은 그보다 열다섯 살이나 위였는데 어린 그를 무동舞童을 태워주거나 무릎에 앉혀놓고 "고등고시에 합격하면 큰 인물이 될 수 있다"며 항상 꿈과 희망을 심어주었습니다. 서울의 변호사 사무실에서 급사로 일했던 맏형은 그때 접했던 판사, 변호사 등 고등고시 합격자에 대한 동경심을 어린 그에게 심어주면서 기대를 걸었던 것 같습니다. 그 후 맏형은 가업을 일으키는 데 주도적 역할을 했고, 동생들을 교육시켜 모두 공직자의 길을 걸을 수 있게 도와주었습니다.

그의 어머님은 어려운 환경 속에서도 여섯 남매를 건강하고 반듯하게 키워주신 강한 분이셨습니다.

봄이 오면 뒷산에서 뜯은 산나물을 읍내에 내다 팔아 자식들이 좋아하는 새 모양의 과자도 사오셨습니다. 먹을 것이 있으면 당신 몫까지 모두 자식들에게 주셨기에 어머님은 안 드셔도 항상 배부른 것으로 착각을 했습니다. 어머님은 자식들이 잘못한 일은 반드시 짚어주고 교훈을 일깨워준 뒤에야 넘어가는 철저함이 몸에 배여 있는 분이셨습니다.

친구들의 고민을 듣고 생각과 사고방식이 달라진 그는 그 전까지는 원망스럽기만 했던 아버지를 볼 때 이제는 검게 그을린 모습에 안타까움을 먼저 느끼게 되었습니다.

또한 아버지가 혀를 차며 내뱉던 나무람 속에서도 자식에게만큼은 가난이 되풀이되지 않기를 바라는 마음이 담겨 있음을 알게 되었습니다. 과묵하셨던 아버님은 "선비는 희로애락의 표정을 얼굴에 가볍게 드러내서는 안 된다"며 자식들에게 항상 덕망을 갖출 것을 당부하셨습니다.

돌이켜보면 그의 마음에 향기를 채워주고 절망을 용기로 승화시켜 준 고교 시절은 무척 소중한 세월이었습니다.

'남의 떡이 커 보인다'는 말이 있습니다. 그러나 세상은 마음먹기에 달려 있습니다.

앉은 자리가 꽃자리라는 말처럼 현재 자신이 처한 상황을 스스로 인정하고 이를 토대로 꿈을 갖고 구체적인 목표를 설정한 뒤 습관적인 노력을 반복할 때 개인은 물론 조직의 발전도 이룩할 수 있을 것입니다.

기회는 준비된 자에게 온다

미국 속담에 '고기를 잡으려 하는 자는 젖는 것을 두려워해서는 안 된다(He who would catch fish, must not mind getting wet)'는 말이 있다. 이는 일에 대한 준비와 각오의 중요성을 강조한 말이다. 물에 젖는 것을 두려워하는 사람에게 고기를 잡을 기회는 오지 않는다. 또한 고기를 잡기 위해 물에 젖을 것을 각오한 사람이라면 그에 대한 준비도 철저히 해야 한다는 뜻이다. 특히 21세기의 주역이 될 젊은 사람이라면 시대의 변화에 적극적으로 준비해야 한다.

_정우택(충북도지사)

젊은이들이 다음 세대의 진정한 주인이 되려면 스스로 변하면서 세계의 변화를 따라잡아야 합니다. 특히 21세기의 변화를 주도할 주역이라면 변화를 따라잡는 것에 만족할 것이 아니라 변화를 주도하고 새로운 흐름을 창조하는 데 앞장서야 합니다.

그러기 위해서는 준비와 각오가 필요합니다. 세상은 준비된 자에게는 기회를 주지만, 준비되지 않은 자에게 오는 변화는 곧 혼란이 되고 맙니다. 현명한 사람은 기회를 찾지 않고 기회를 창조한다고 했습니다. 오늘날 우리에게 닥쳐오는 변화의 양상은 언뜻 보기에는 일정한 법칙이 없고 무작위적이며 혼돈스러운 듯 보입니다. 그러나 미래를 준비하는 사람은 변화의 형성 요인을 발견하고 그 속에서 일정한 패턴을 찾아냅니다. 그의 머릿속에는 미래에 대한 지도가 그려져 있고 자신이 서 있을 자리도 확고히 정해져 있습니다. 그런 젊은이는 작은 실패나 불행에 좌절하고 절망할 시간이 없습니다.

고통을 딛고 일어서서 더 먼 곳을 바라보고 그곳을 향해 정진하는 것은 용기이자 도전이며, 더운 피와 냉철한 이성, 그리고 굳은 의지를 가진 사람에게서만 볼 수 있는 모습입니다. 준비하는 사람이 겪는 오늘의 고통은 내일을 위한 통과 의식일 뿐입니다.

바쁜 일정에 쫓기다 보면 젊은이들과 대화를 나눌 기회가 많지 않습니다. 대학에 가서 특강을 하더라도 이는 자신의 생각을 말하는 것이지 함께 얘기하면서 상대의 의견을 듣고 자신의 생각을 재고하는 과정은 거의 찾아볼 수 없습니다.

그러나 이들과 굳이 많은 대화를 나누지 않아도 요즘의 젊은이들이 확실히 자기 표현이 강해졌다는 것을 종종 느끼곤 합니다. 다른 사람의 눈치를 안 보는 것도 그렇고 삶 자체가 기성세대와 많이 다르다는 것을 절감하게 됩니다.

때문에 일부에서는 이들을 걱정스럽게 보기도 합니다. 그러나 이들의 자유분방함은 독창적 사고를 키우는 자양분이 되어 기존의 관습을 타파하고 우리 사회를 변화시키는 새로운 성장 동력으로 자리매김할 것입니다.

　변화를 이끌어가는 주축은 젊은이들인데 이들과 호흡하지 못하면 변화의 흐름에 뒤떨어지게 됩니다. 기성세대들도 마찬가지로 변하지 않으면 시대에 뒤떨어지고, 시대의 변화를 따라잡지 못하면 인생에서도 뒤처질 수밖에 없습니다.

나는 자칭 '꿈 노트'라는 공책을 갖고 있다. 그냥 보통 공책인데 거기에다 내 희망과 꿈과 나를 고무시켜 주는 말과 생각들을 기록한다. 가끔 한적한 시간에 꿈 노트를 뒤적거리며 3년, 4년, 5년 전에 써놓은 것들을 들여다본다. 어떤 것들은 당시엔 불가능한 듯 여겨졌지만 요즘은 오히려 시시할 정도다. 왜냐하면 나는 계속 꿈을 이루며 전진하고 있기 때문이다.

—매튜 캘리, 『위대한 나』 중에서

기회는 변화 속에 숨어 있다

사람은 준비가 되어 있어야 한다. 특히 공직자라면 자리를 옮긴 뒤 몇 달간 업무를 파악한 후 일하겠다는 낡은 사고방식을 버려야 한다.

세상을 살다 보면 누구에게나 기회는 온다. 세계적인 갑부 빌 게이츠는 "변화를 뜻하는 Change라는 단어에서 알파벳 g를 c로 바꾸면 기회를 뜻하는 찬스(Chance)가 되듯, 변화 속에는 반드시 기회가 숨어 있게 마련"이라고 말했다.

_이현재(前 중소기업청장)

공무원 해외연수 시험에서 유능한 젊은 친구들과 경쟁하면서도 끝까지 포기하지 않고 공부에 열중한 이현재 전 중소기업청장은 끝내 1등으로 유학 티켓을 거머쥘 수 있었습니다. 2년간의 유학을 마치고 돌아온 그는 청와대 정무비서실에서 3년 동안 근무하다가 1990년 상공부 조선과장으로 발령을 받았습니다. 조선과장은 배를 만드는 일을 담당하는 상공부의 요직要職으로 중고 배를 수입하는 권한을 가집니다.

그 당시 50억 원짜리를 수입하면 국내에 오는 즉시 값이 거의 두 배로 뛰었습니다. 상황이 그렇다 보니 그 자리에 오른 사람은 배 수입업자들로부터 로비를 많이 받게 되고 사고도 많이 터졌습니다.

주변사람들은 모두 그에게 좋은 자리에 간다며 부러워했지만 그는 오히려 걱정이 더 앞섰습니다. 일단 업무를 파악해야겠다는 생각에 그는 현대미포조선의 도움으로 3박 4일간 합숙을 하면서 조선造船에 대한 전반적인 이론, 관련 사항, 정책적인 내용 등을 사전에 익혔습니다.

이렇게 부임하기 전에 현장 실습을 하면서 기본을 익히고 갔는데도 일부 직원은 그가 상공부 첫 발령이어서 업무를 잘 모를 것으로 예단하고 그에게 텃새를 부렸습니다.

특히 기술 전문가들은 그를 테스트라도 하듯 어려운 전문용어를 구사하면서 결재서류를 내밀었는데 자세한 내용을 캐물으면 '그냥 사인만 하면 된다'는 식으로 나왔습니다. 그러나 현장 실습 때 익힌 전문용어를 활용해 궁금한 사항들을 묻자 깜짝 놀라는 직원들을 보면서 그는 준비하는 자세가 필요하다는 것을 절감했습니다.

한 달쯤 지났을 때 이번에는 해사연구소장이 인사차 그를 찾아왔습니다. 이런저런 이야기를 나누다가 이현재 청장은 당시 조선업계의 최대 관심사였던 설계 자동화 문제를 거론하며 "우리도 설계 프로그램을 자동화해서 만들어야 하는 것 아니냐?"고 해사연구소장에게 넌지시 의견을 피력했다고 합니다. 처음에는 자신을 무시하는 태도를 보이던 해사연구소장도 그 말에 내심 놀라면서 자세를 가다듬는 표정이 역력했다고 합니다.

세계적인 갑부 빌 게이츠는 "나는 힘이 세지도 않고 뛰어난 천재도 아니지만 남보다 새롭게 변해온 것이 성공의 비결이었다"고 토로한 적이 있습니다.

　기회가 왔을 때 잡으려면 준비를 하고 있어야 하므로 모든 일에 대해서 가능성을 열어놓고 항상 대비해 나가야 합니다. 자신에게 찾아오는 기회를 포착하고 이를 적절히 활용하는 것은 개인의 발전인 동시에 사회의 발전이며, 나아가서는 국가의 발전도 되는 것입니다.

어떤 회사가 위대한 기업으로서 그 위치를 유지할 수 있는가 없는가를 판단하는 기준은 성공한 실적에 의해서가 아니라 좌절과 실패, 그리고 어려운 시기를 극복해 내는 능력으로부터 기인한다.

—메리어트 2세, 『메리어트의 서비스 정신』 중에서

남보다 앞서려면?

직장인이라면 누구나 승진에 관심을 갖게 되고 상사로부터 인정을 받고 싶어 한다. 나 역시도 지난 시절 이런 문제로 심각하게 고민한 적이 있다. 공무원생활을 하는 동안에도 성장할 수 있는 분야, 고생스러워도 전력투구했을 때 더 발전할 수 있는 부서에서 근무하기를 희망했는데 돌이켜 보면 내 판단이 옳았다는 생각이 든다.

예컨대, 허가 업무를 담당하면 권한은 행사할 수 있지만 자기 발전에는 그다지 도움이 되지 않는다. 그러나 기획 업무를 맡았다고 해서 무조건 발전하는 것도 아니다.

_홍재형(국회의원)

남보다 앞서려면 첫째로 자기 분야의 책을 100권 쯤은 읽어야 합니다. 이것이 힘들다면 적어도 5~10권 정도의 기본 서적을 읽고 나머지는 서문과 결론만이라도 훑어보는 수준으로 해당 분야의 책을 읽는다면 남보다 반 발짝 앞서갈 수 있습니다.

둘째는 주인 의식을 가지고 한 단계 위에서 생각해야 합니다. 예컨대 계장이라면 과장의 입장에서, 과장은 국장의 입장에서 생각하는 훈련을 거듭하다 보면 자기 발전에 많은 도움이 됩니다.

셋째는 휴먼 네트워크Human Network를 구축하는 것입니다. 내 분야와 관련된 각계의 전문가들로 휴먼 네트워크를 구축하면 업무를 추진할 때 이들의 자문을 받아 차질 없이 일을 처리할 수 있고 체계적으로 관리할 수도 있습니다. 이러한 인적 네트워크를 통해 실천 가능한 아이디어를 내면서 남보다 넓게 보고 깊게 생각하는 균형 잡힌 시각을 키워나가야 합니다.

넷째는 자기 관리입니다. 공무원은 국장급 정도의 자리에 오르면 실력이 대부분 비슷비슷해지는데 이런 상태에서 경쟁적 우위를 가리는 요소는 도덕성과 체력입니다.

홍재형 국회의원은 은행장을 역임하는 동안 대출과 관련해 부정을 저지른 적이 없고, 장관과 경제부총리를 지냈지만 한 번도 비리에 연루되지 않았기에 도덕적으로 깨끗하고 믿을 만하다는 평가를 받았습니다.

요즘과 같이 날로 투명해지고 있는 사회에서 깨끗한 도덕성은 다른 사람보다 앞설 수 있는 요소입니다. 따라서 본인이 허가 부서에 있다면 '그 사람에게는 청탁을 해도 아무 소용이 없다'는 이미지를 각인시켜 주어야 합니다.

다음으로 체력의 중요성입니다. 전날 밤늦게까지 일을 했어도 다음날 체력이 달려 정상 출근을 하지 못한다면 상사의 눈 밖에 나게 됩니다. 이는 심각한 문제입니다.

직장생활을 하다 보면 항상 양지에서 일할 수만은 없습니다. 대나무도 한 단계 크려면 반드시 매듭이 생기는 법입니다. 그러므로 음지에 있을

때 불평불만을 늘어놓기보다는 책을 읽거나 대학원에 진학하는 등 학업
에 몰두하면서 자신을 돌아보고 자기 발전을 위해 스스로 노력하는 것
이 무엇보다도 중요합니다.

자기계발은 과거의 나 자신과 결별하고 새로운 나를 만들어가는 것이다. 여러
모로 어렵고 힘들고 때로는 고통스럽기까지 한 것이 자기계발이다.

—이지성, 『스물일곱 이건희처럼』

인간만사 새옹지마

김영삼 정부는 임기 말인 1997년 11월에 IMF 구제 금융을 수용한다고 발표했다. 김대중 정부가 들어서면서 나라 경제는 초비상이 걸렸고, 이를 해결하기 위한 방편으로 국가공무원들에 대한 대대적인 구조조정을 시작했다. 코트라(대한무역투자진흥공사)에도 구조조정 바람이 휘몰아치기 시작했는데 바로 그 직전에 부사장 승진 문제가 먼저 대두됐다. 나는 임원 경력이 충분하고 경쟁 대상자들은 모두 초임이어서 순조롭게 부사장에 승진할 것으로 생각했었다.

_정귀래(前 농수산물유통공사 대표)

대통령이 영남에서 호남 출신으로 바뀌면서 호남 지역 인사들이 자연스럽게 각 기관별로 중요한 요직을 넘겨받기 시작했습니다. 이러한 흐름은 코트라 조직도 예외가 아니어서 결국엔 가장 늦게 본부장으로 승진한 호남 출신 간부가 부사장으로 승진했습니다. 이후 그가 이사회에 참석하면 부사장은 괜스레 트집을 걸어 그의 입지를 더욱 좁게 했습니다.

그러던 어느 날 아침에 텔레비전에서 서울산업통상진흥원 대표이사를 서울시가 공개모집한다는 뉴스가 흘러나왔습니다. 마침 그는 그곳

사외이사로 등록되어 있던 터라 총무부장에게 자료를 요청하고 비밀리
에 경영계획서 등 서류를 만들어 원서를 접수시켰습니다.

접수 마감날 언론은 국영기업 본부장과 중소기업은행 부행장을 비롯
해서 열일곱 명이 지원한 상황을 상세히 보도했습니다. 지원자들의 면
면을 살펴보니 그는 명함도 내밀지 못할 정도로 다른 자원자들의 경력
이 화려했습니다. 밖에서는 고건 서울시장 캠프에서 재정 담당을 하고
인수위원으로 있었던 회계사 출신의 서울시의회 의원이 내정되었다는
소문이 파다하게 돌고 있었습니다.

그러나 국제통상에 대한 기대감 때문이었는지 고건 서울시장은 전혀
인간관계가 없던 정귀래 본부장을 서울산업통상진흥원 대표이사로 지
목했습니다.

대표이사로 취임한 이후 그는 참으로 많은 일들을 했습니다. '서울애
니메이션 센터'를 설립하고 동대문 시장의 패션상가를 조직적으로 지원
하기 위해 '서울패션디자인센터'도 만들었습니다. 등촌동에 '산업지원
센터'를 설립해 인큐베이션 창업도 지원했습니다.

서울 테헤란로에 '서울벤처타운'을 설립해 100개의 벤처기업을 한 곳
으로 모았는데 훗날 이곳에 입주했던 기업체 대표들은 대부분 벤처업계
의 리더로 변신하면서 '서울벤처타운'은 명실 공히 한국벤처의 산실로
자리매김했습니다.

이후 서울시의 상암동 미디어 디지털시티 프로젝트 사업DMC에 참여
하고, 다국적 기업 회장 열다섯 명을 위촉해서 서울시에 대한 국제경제

자문단SIBAC를 만들어 창립총회를 주재하는 등 보람된 일들을 많이 했습니다.

반면, 코트라는 그가 회사를 나간 이후 부사장 제도를 6개월 만에 폐지시켰으니 당시 부사장으로 승진하지 못한 것이 그에게는 오히려 전화위복이 된 셈이었습니다.

실패로부터 성공의 자양분을 추출하라

온실에서 자란 꽃은 강인함이 없다. 반면 비바람을 맞으며 들판에서 자란 야생화는 아무리 힘들어도 절대로 좌절하는 법이 없다. 나는 인간도 이와 마찬가지라고 생각한다. 사람 사는 세상에 승패는 항상 있게 마련이며 패배는 누구에게나 쓰라리고 고통스러운 것도 사실이다. 그러나 실패를 했어도 포기하지 않고 다시 일어설 수 있는 사람만이 최후의 승자가 될 수 있다.

_홍재형(국회의원)

승리만 거듭한 사람은 단 한 번의 실패로도 크게 낙담하거나 좌절할 수 있습니다. 그러나 실패를 맛본 사람은 이미 쓴맛을 보았기 때문에 크게 좌절하지 않습니다.

100퍼센트의 성공보다는 오히려 51퍼센트의 성공 속에서 아슬아슬하게 난관을 헤쳐 나가면서 자만하지 않을 때 강력한 경쟁력을 갖추게 됩니다.

그릇이 큰 사람일수록 실패를 해도 좌절하거나 낙담하기보다는 스스로 마음을 추스르고 빠른 속도로 일어서는 것을 볼 수 있습니다. 선거에서 떨어졌어도 낙담하지 않고 다음에는 꼭 도와달라고 낙선사례를 하면서 패배를 선용 善用하는 사람은 다음 선거에서 당선될 가능성이 높습니다.

시드니 해리스는 「승자의 마음」이라는 글에서 '승자는 넘어지면 일어나서 앞을 보지만 패자는 뒤를 보며, 승자는 일어서는 쾌감을 알지만 패자는 재수부터 한탄한다'고 했습니다. 비록 실패를 했더라도 그 속에서 교훈을 찾아내고 앞을 향해 나아가는 사람에게는 삶이 절대로 실패로 끝나지 않습니다.

국가든 자치단체이든 조직을 다스리는 훌륭한 리더들은 실패로부터 자양분을 얻은 사람들이 대부분입니다. '실패는 성공의 어머니' 라는 표현은 이 시대에도 여전히 변함없는 진리입니다.

또한 승자들도 승리감에 도취되기보다 시야를 넓혀 국내보다는 세계 속에서 경쟁 상대를 찾아나가야 합니다.

역사는 변합니다. 역사는 남이 만들어주는 것이 아니라 스스로 창조해 가는 것입니다. 역사를 만드는 것은 시간이며 시간의 주인은 자기 자신이어야 합니다. 시간의 주인이 되지 못하면 거꾸로 역사의 제물 祭物이 될 수밖에 없습니다. 자연의 새 날은 저절로 오나 역사의 새 날은 준비하는 사람에게만 찾아옵니다.

어떠한 경우든 긍정적으로 생각하는 자세가 중요합니다. 예컨대, 최선을 다했는데도 불구하고 하던 일이 성사되지 않았다면 좌절하거나 낙담하기에 앞서 '하늘이 내게 더 좋은 기회를 주려는가 보다' 라고 생각한다면 마음이 오히려 더 편해질 수 있습니다.

나폴레옹은 '오늘 나의 불행은 어제 내가 잘못 보낸 시간의 보복'이라고 말했습니다.

중요한 것은 불행처럼 느껴지는 실패로부터 성공의 자양분을 어떻게 추출해 내느냐에 달려 있다고 봅니다.

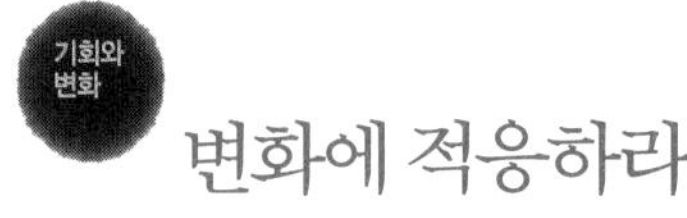

변화에 적응하라

우리가 살고 있는 지구상에는 그동안 무수히 많은 생명체들이 태어났다가 사라져갔다. 영국의 생물학자인 찰스 다윈은 "살아남는 종(種)은 강한 것도 우수한 것도 아닌 변화하는 종"이라고 말했다. 이 말은 지구상에 살아남은 종은 '강한 자'가 아니라 '환경의 변화에 잘 적응하는 자'라는 것을 의미한다.

기업도 마찬가지다. 덩치 크고 막강해 보이는 국가에서 운영하는 공기업들도 환경의 변화에 적응하지 못하면 살아남을 수 없는 세상이 됐다.

_정귀래(前 농수산물유통공사 대표)

1960년대 존재했던 우리나라의 10대 기업 중에서 현재까지 그 위상을 유지하고 있는 곳은 두 곳 정도에 불과합니다. 경제 개발이 가파르게 진행되던 시절, 급변하는 환경에 적응하지 못한 기업은 이처럼 모두들 역사의 뒤안길로 사라졌습니다. 우리나라 5대 은행으로 불렸던 조흥은행, 상업은행, 제일은행, 한일은행, 서울은행도 IMF를 거치면서 구조조정으로 모두 문을 닫았습니다.

새로운 환경의 변화에 적응하기 위해 미래를 예측하면서 끊임없이 조직의 면모를 혁신해 나가야 하는 것이 글로벌 시대에 꼭 필요한 경영 전략입니다. 고속 성장과 안정적 수익을 유지하던 엔론, 소니와 같은 세계적인 글로벌 기업들까지도 휘청거리는 것은 변화 앞에서 적응하지 않으면 어느 누구도 위기를 피할 수 없다는 것을 웅변적으로 말해주는 것입니다.

국내 최고의 기업들도 경영권의 위기, 소비자 만족도 하락, 제품 경쟁력 약화 등 시시각각으로 다가오는 변화에 신속하게 대응하기 위해 위기, 긴장, 비상 경영 등을 계속적인 화두로 던지며 조직을 독려해 나가고 있습니다.

위기는 예측 가능한 시점에 나타나는 것이 아닙니다. 눈에 띄지 않는 복합적인 부실화 과정들이 서서히 진행되다가 어느 날 갑자기 기업을 함정에 빠뜨리게 됩니다.

빌 게이츠는 '향후 10년간의 변화가 지난 50년간의 변화보다 클 것'이라고 예측했습니다. 변화는 가보지 않은 길이기 때문에 누구나 위기의식을 느끼고 두려워합니다. 그러나 가장 높이, 가장 멀리 창공을 나는 독수리는 바람이 불 때 바람 속으로 들어가 바람을 활용해 목적지까지 날아갑니다. 독수리에게는 바람이라는 위기가 사실은 더없이 좋은 기회였던 것입니다.

이처럼 변화에 당당히 맞서 이를 기회로 활용하는 자와 그렇지 못한 자의 운명은 명암이 분명하게 엇갈릴 수밖에 없습니다. 생각이 바뀌면 행동이 바뀌고, 행동이 바뀌면 습관이 바뀌며, 습관이 바뀌면 운명이 바뀌며, 운명이 바뀌면 인생도 달라지는 법입니다.

네덜란드는 생각을 바꿨기에 국토의 3분의 1이 바다보다 낮아도 최강의 농업대국으로 성장할 수 있었고, 이스라엘 역시 사막에서 고품질 농산물을 생산하고 있는 것입니다.

이렇듯 위기를 기회로 활용하는 독수리의 지혜와 농부의 부지런함으로 변화에 도전해 나간다면 누구나 좋은 결과를 거둘 수 있을 것입니다.

성공을 부르는 **한마디**

기업의 장수 비결은 창업 당시의 창업 정신을 잃지 않는 것이다. 위기가 닥칠 때마다, 시장이 변할 때마다 재 창업하듯 변화를 시도해야 한다.

—김종래, 『CEO 칭기스칸』 중에서

4장
성공한 기업인들에게 배우는
성공코드

성공코드

● ● ●

많은 책을 읽고, 많은 선배들로부터 배우고, 올바른 철학과 비전을 갖추었다고 해서 누구나 훌륭한 경영자가 되는 것은 아니다. 경영의 현장은 전쟁터나 다름이 없고, 수많은 변수와 사건들이 난무한다. 이런 와중에 항상 올바른 판단을 내리고 위기를 기회로 바꾸는 방법은 무엇일까?

여기 성공한 선배들이 들려주는 16가지 성공의 핵심 포인트가 있다. 이 16가지 성공코드를 모두 내것으로 만들 수 있다면 당신은 어떠한 난관에도 쓰러지지 않는 최고의 CEO가 될 것이다.

소중한 것부터 일의 순서를 풀어가라

나는 평상시에 직원들에게 소중한 것부터 일의 순서를 풀어가라고 강조한다. 기업이 경쟁력을 갖추고 더욱 발전해 나가려면 소중한 것이 무엇인지를 찾는 작업이 가장 중요하다. 나는 일처리의 상당 부분을 직원 자율에 맡기는 편이다. 별로 중요하지 않은 것을 가지고 일일이 결재를 받으러 오는 직원을 보면 오히려 야단칠 때도 있다. 이렇듯 직원들에게 실질적인 권한과 책임을 주고 결재도 한 달에 한 번밖에 하지 않지만 대신 평가 부문은 냉정하고 엄격하게 하는 편이다.

_김기문(중소기업중앙회장 겸 로만손 회장)

김기문 회장은 무슨 일을 하더라도 사전에 계획성 있고 철두철미한 시간관념을 가지고 움직이기 때문에 직원들은 그가 합리적이고 빈틈없이 꼼꼼하게 일을 처리한다고 평가합니다.

요즘 중소기업들은 어려움이 많습니다. 과다한 인건비로 경쟁력을 상실한 기업들은 너도나도 중국이나 동남아로 공장을 옮기고 있고, 일부 기업은 개성공단에 입주하여 활로를 찾는 경우도 있습니다. 로만손처럼 작은 중소기업이 대기업을 제치고 해당 분야의 1위 업체로 올라선 경우는 극히 드뭅니다.

이제 로만손은 시계 전문 회사가 아닌 종합 패션 브랜드를 지향하고 있습니다. 국내에서는 그전까지 주력 산업이었던 시계보다 주얼리 브랜드인 '제이에스티나'의 매출이 올라가면서 업계 1위의 자리에 올라서는 등 비상飛上할 수 있는 만반의 채비를 갖췄고, 나아가 지금은 제이에스티나의 이름으로 핸드백과 구두 제품까지도 만들고 있습니다.

또한 신라, 롯데, 인천공항 내 AK 면세점을 비롯해 신세계, 롯데, 갤러리 백화점 등 전국 60여 개의 직영 매장과 함께 베트남, 러시아 외에 올해 중국 내에만 100여 개의 매장을 늘리는 방안을 차근차근 추진하고 있습니다. 로만손 시계는 외국에서 성공해 국내로 들어왔지만 주얼리는 반대로 국내에서 성공해 외국으로 나가고 있습니다.

김기문 회장은 지난날을 되돌아보면서 파란만장한 세월 속에서 어려움도 많이 겪었지만 결과가 이같이 좋게 나타난 것에 대해 자신이 굉장한 '행운아'였기 때문이라고 말합니다. 그렇지만 로만손의 성공 비결 역시 그가 어려움을 극복하려고 머리를 싸매고 노력한 끝에 얻어진 산물임이 분명합니다. 김기문 회장의 사업적인 아이디어 역시 마케팅 서적에서 나오는 이론과는 거리가 먼 것이었습니다.

로만손은 지금까지 세 번의 큰 위기를 겪었습니다.

첫 번째는 설립 초기에 OEMOriginal Equipment Manufacturer, 주문자 상표 부착 방식으로 제품을 생산하다 유일한 거래처였던 일본 업체가 거래처를 바꾸는 바람에 하루아침에 판로가 막힌 일이었습니다.

두 번째는 선풍적 인기를 끌던 커팅글라스Cutting glass 제품이 출시된

후 시판 1년 만에 모조품들이 범람하면서 주문이 끊어진 일이었습니다.

세 번째는 전체 매출액의 80퍼센트 이상을 차지했던 중동 지역이 걸프전 발발로 수출 길이 막혔던 것이 가장 최근의 시련이었습니다.

그러나 이러한 어려움 속에서도 새로운 돌파구를 마련할 수 있었던 것은 그와 직원들이 밤잠을 설쳐가면서 '로만손'이라는 자체 브랜드를 개발해 내고, 커팅글라스와 같은 신제품을 끊임없이 출시하고, 수출 지역을 다각화했기 때문입니다.

성공을 부르는 한마디

디테일을 중시하는 것은 어떤 환경에서도 성공을 가능하게 하는 가장 소중한 습관이다. 크고 화려한 것에 현혹되지 않고 바로 지금 자신이 하는 일부터 세심하게 처리하는 것, 그것이 바로 성공으로 가는 가장 확실한 길임을 알아야 한다.

—왕중추, 『디테일의 힘』 중에서

기본에 충실하라

이따금 주위에서 장사가 안 된다고 불평하는 사업가들을 만난다. 그럴 때마다 이들
이 과연 '최고의 성실과 최고의 두뇌 활동을 했을까?' 하는 의문이 든다.

1970년대 말 운수업은 불황 사업의 대표 주자였다. 기름 값을 포함해 모든 것이 오
르는데 행정 기관에서 정한 버스 요금 인상폭은 이를 따라주지 못했다. 그럼에도 우
리 회사가 조금씩이나마 수익을 낼 수 있었던 것은 기본에 충실한 덕분이었다.

_권영우(세명대학교 설립자)

적자투성이의 버스 회사를 인수했으니 그에게는 수익을 내는 것이 급
선무였습니다. 회사의 이름을 대원여객으로 정한 그는 버스 회사의 구
조적인 문제점을 하나하나 개선해 나갔습니다.

가장 먼저 추진한 것이 노선 변경이었습니다. 당시 버스 노선은 종로
에서 차를 돌려 의정부로 갔는데 그 코스로는 수지타산이 맞지 않았습
니다. 무엇보다 시장을 경유하는 것이 시급하다고 보고 관계 기관의 허
가를 받아 노선을 종로 5가에서 청계 5가를 거쳐 4가로 돌면서 광장시
장을 끼고 한 바퀴 돌아가도록 바꾸었습니다. 그러자 장을 보러온 사람
들이 버스를 많이 이용하면서 수익이 점차 늘어났습니다.

1978년 경기여객을 인수한 뒤부터는 조수 제도를 폐지시켰습니다. 버스 한 대에 조수가 한 명씩 붙어 다니는 것은 경영에도 큰 손실이었습니다. 이 외에 회사 관리도 결재란을 줄여 의사 결정을 빠르게 했습니다. 구조조정을 하여 불필요한 인원을 과감히 정리하는 대신 남은 직원에게는 회사가 베풀 수 있는 인간적인 대우를 모두 해주었습니다.

이에 앞서 1976년에는 대원관광도 인수했습니다. 이때에는 일본인 관광객들이 많았고, 이들은 여행사를 통해 들어오기 때문에 연계만 잘하면 도움이 될 것 같았습니다. 각 여행사와 논의해서 대원관광 버스를 전국 각지의 관광지로 보내는 등 안전이 보장되는 범위 내에서 버스의 회전율을 높이기 위한 아이디어를 짰습니다.

통근버스도 공무원들을 출근시킨 뒤에 낮 시간에는 관광지를 뛰게 하고, 저녁 때 다시 공무원들을 실어 나르는 등 버스의 회전율을 최대한으로 높였습니다. 목표를 향해 매진하지 않으면 좋은 결과를 거둘 수 없기 때문이었습니다.

당시 버스 회사들은 차량이 한 번 고장이 나면 운행 중단에 따른 손해 외에 승객들의 입소문으로 이미지가 나빠져 이중 피해를 입었지만 당장 들어갈 목돈이 아까워 차량 투자를 하지 않았습니다. 그러나 그는 다른 업체와 달리 돈을 벌면 즉시 새 버스를 사들였고 기회가 닿을 때마다 다른 버스 회사를 인수했습니다.

이익을 많이 내려면 대형화해야 한다는 것이 그의 생각이었고, 구매도 대형화가 이루어질 때 직거래가 가능하고 원가절감도 이룰 수 있다고 생각했습니다. 타이어 100개를 사는 것과 1,000개를 구입하는 것과는 규모에 있어 비교가 되지 않습니다. 우선 다량으로 구입하면 원가가 절감되고, 결제를 신속하게 하면 추가 할인도 가능해집니다. 거래 규모가 커지면 부품을 납품받아도 중간 도매상을 거치지 않고 제조회사와 직거래를 할 수 있기 때문에 경영 이익도 더 높일 수 있습니다.

언덕길에서 한달음에 정상에 오르고자 하는 마음은 굴뚝같지만 다리의 근력이 허락하지 않는다. 하지만 조금씩 오를수록 의지는 강해지고, 어찌 됐든 언젠가는 꼭대기에 다다르게 마련이다. 그런 믿음이 있는 한 속도는 그리 중요하지 않다.

—쿠르트 호크, 『나이 들지 않으면 알 수 없는 것들』 중에서

틈새시장을 찾아 나서라

컬러텔레비전이 한창 선을 보이던 시절 나는 해마다 서울 코엑스에서 열리는 전자 쇼를 참관하면서 세계 전자업계 기술 정보의 흐름을 파악하곤 했다. 1980년, 그해 가을에도 컬러텔레비전 부품전시회에 갔다가 전자빔 집속용으로 사용되는 자석 (Magnet)을 눈여겨보게 되었다. 그런데 이것이 내 인생을 송두리째 바꿔놓는 전환점 이 되었고, 오늘날 자화전자의 모태가 된 플라스틱 자석을 개발하는 결정적인 계기 가 되었다.

_김상면(자화전자 대표이사)

전자부품에 관심이 많았던 김상면 대표이사는 그 무렵 자석에 심취해 있었습니다. 전자 쇼를 보면서 컬러텔레비전 브라운관의 전자빔을 움직 이려면 자석이 반드시 필요할 것이라 생각했는데 그의 짐작대로 국내 가전 3사 모두가 브라운관에 사용되는 플라스틱 자석Plastic Magnet을 전 량 일본에서 수입해서 쓰고 있다는 정보를 듣게 되었습니다. 일본산 플 라스틱 자석의 국산품 대체 품목을 개발한다면 국내 가전 3사에 대량 납품의 길이 열리는 것은 물론 수출도 가능해져 해외 사업도 승산이 있 을 것이라는 확신이 생겼습니다.

이러한 판단 하에 그는 전자 쇼 현장에 있던 오리온전기(주) 관계자로부터 플라스틱 자석 불량 샘플 몇 개를 얻어 집으로 돌아와 오로지 제품 개발에 몰두했습니다. 샘플을 연탄불에 열분해시켜 자석가루와 수지의 혼합비 및 각종 전자기 측정과 분석을 한 뒤 금형을 제작해 시제품을 만드는 동안 시간 가는 줄을 몰랐습니다.

실험이 어느 정도 진행되어 승산이 있다는 확신이 들 시점에 연구개발 자금 확보에 나섰으나 도움을 청할 곳이 마땅치 않았습니다. 평소 그의 부지런함과 기술력을 인정해 준 장인어른이 당신의 집을 담보로 은행에서 당시에 2,000만 원이라는 거금을 대출하여 기술 개발자금으로 내놓으셨습니다.

김상면 대표이사는 이 자금을 받아 '자화전자'라는 회사를 정식으로 설립하고 6개월 동안 연구에 몰입한 결과 플라스틱 자석인 PCM Plastic Convergence Magnet 을 개발하는 데 성공했습니다. PCM, 즉 전자선 집속장치는 텔레비전이나 컴퓨터 모니터의 컬러 영상을 또렷이 재현해 주는 브라운관의 핵심 부품으로, 빛의 3원색인 빨강, 파랑, 초록 3종의 전자빔을 모아 색의 순도를 그대로 유지해 주는 역할을 하는 자석의 조합체입니다.

시제품을 완성하여 삼성전자에 제출하고 납품 승인을 받기까지에도 많은 시일이 걸렸습니다. 그동안 회사는 자금 압박을 심하게 받아 빚쟁이들이 날마다 찾아오고, 집에는 생활비가 바닥 나 옆집에 쌀을 꾸러 다닐 정도였습니다. 산달을 맞은 아내 역시 단돈 1만 원이 없어 병원에 갈

엄두조차 못 내고 있을 때였습니다.

회사는 물론 집까지 바닥 생활을 면하지 못하고 있을 무렵에 삼성전자로부터 시제품에 대한 납품이 승인되었다는 낭보朗報가 날아들었습니다. 여기에 수출 지원 정책을 펴던 정부로부터 중소기업 개발지원 정책자금을 대출까지 받게 되면서 자화전자는 자금난과 수주난을 한꺼번에 해결할 수 있었습니다.

성공을 부르는 한마디

과학적인 발견이 '우연한 기회'에 이루어졌다면 우연한 기회는 평소 자질을 갖춘 사람, 독립적인 사고를 하는 사람, 그리고 중도에 포기하지 않고 끝까지 노력하는 사람에게 찾아온다. 게으른 사람에게 우연한 기회란 없다.

— 화뤄겅(중국의 수학자)

내부 고객을 먼저 만족시켜라

직장인들은 직장생활을 하면서 조직에 대한 저항과 탈출을 항상 저울질한다. '저항'
은 직장이 마음에 들지 않을 경우 이를 개선해 보려는 조직원 내부 노력 행위의 한
형태다. 물론 저항한다고 해서 직장에서의 불만이 다 개선되는 것은 아니다. 그러나
조직이 이러한 불만을 제때 해소해 주지 못하면 직장인은 '탈출'이라는 카드를 쓰게
된다. 그 형태는 철저하게 조직의 방관자가 되거나, 아니면 아예 회사를 옮기는 것이
대표적 사례다.

_김봉수(키움증권 부회장)

공자는 바른 정치의 요체要諦를 묻는 질문에 '근자열 원자래近者說 遠者來
라고 설파說破한 적이 있습니다. 이는 '가까이 있는 사람들이 긍지를 갖
고 즐겁게 살도록 정치를 하면 멀리에 있는 사람들은 저절로 찾아온다'
는 뜻입니다.

조직이 살아 숨 쉬고 경쟁력을 갖추려면 조직원들 스스로가 조직에 대
해 매력을 느낄 수 있어야 합니다. 이러한 매력은 조직원들이 조직에 대
해 자부심과 긍지를 갖고 기쁜 마음으로 일할 때 비로소 생기는 것입니
다. 조직원이 조직에 매력과 만족을 느끼고, 일하고 싶은 생각이 절로 나

면 멀리에 있는 사람도 찾아오기 마련입니다.

김봉수 부회장은 고객을 외부 고객과 내부 고객으로 구분하여 부릅니다. 내부 고객은 바로 회사의 직원으로 외부 고객을 만족시키려면 우선 내부 고객인 직원이 만족감을 느껴야만 가능하다고 주장합니다.

키움증권은 고객과의 접점에서 일하는 고객센터 직원에 대한 대우를 동종 업계에서 항상 최고의 수준으로 연봉을 지급했습니다. 고객 만족을 넘어 고객 감동을 선사해야 할 직원이 불만스러운 상태에서 근무하면 고객만족은커녕 오히려 고객을 쫓는 결과를 가져올 수 있기 때문입니다. 키움증권에는 대표이사보다 더 많은 연봉을 받는 사람이 무려 20여 명이나 있습니다.

내부 고객을 만족시켜야 외부 고객을 만족시킬 수 있다는 논리는 그가 100여 년의 역사를 자랑하는 미국의 에드워드존스 증권회사로부터 벤치마킹한 것입니다.

이 논리를 인간관계에 적용해 보면 가정생활이나 대인관계가 원만하지 못한 직원은 회사 일도 정상적으로 할 수 없다는 논리도 성립됩니다. 그는 팀장급 이상의 임원을 임명할 때에도 그 사람의 인간관계와 인성에 초점을 두어 승진 인사에 반영했는데 대부분 맞아떨어지는 것을 확인할 수 있었다고 합니다.

이처럼 기업이 경쟁력을 확보하기 위해서는 무엇보다도 내부 고객을 만족시킬 수 있어야 합니다. 내부 직원이 만족하지 않은 상태에서 외부 직원들을 위해 일하라는 것은 공허한 메아리가 될 수밖에 없습니다. 내

부 직원이 회사에 말로 표현할 수 없는 충만감과 더불어 만족감을 느낄
때 직원들도 비로소 회사 발전을 위한 자발적인 노력을 기울이게 될 것
입니다.

지역을 활성화하거나 회사를 번성하게 하려면 그곳을 찾는 사람의 수를 늘려
야 한다. 문제는 사람이 모이게 하려면 매력이 있어야 한다는 것이다. 매력이
란 사람의 마음을 끄는 힘이다. 지역의 매력은 '그곳에서 살고 싶다'는 생각이
들고, '그곳에 가보고 싶다'는 생각이 절로 들게 하는 힘을 말한다. 이러한 매
력의 정도가 경쟁력을 결정하는 핵심이다.

— 강형기, 『논어의 자치학』 중에서

디자인으로 승부하라

로만손이 착실하게 기반을 다지면서 꾸준한 성장을 거듭할 수 있었던 성공 비결은 디자인 파워와 1국 1바이어 원칙의 마케팅 전략, 과감한 인재 양성이 효과를 거둔 결과다. 그 가운데 디자인은 로만손의 세계 경쟁력이라 해도 과언이 아닐 정도로 특화된 부분이었다. 실제로 나는 시계 제조 기술 못지않게 '디자인 제일주의' 경영 방침을 고수해 왔다. 창업 이듬해인 1989년에 조직된 디자인팀은 지금까지 약 300여 개의 고유 디자인을 개발해 로만손의 성장에 견인차 역할을 해왔다.

_김기문(중소기업중앙회장 겸 로만손 회장)

디자인은 바로 우리 일상의 삶 자체를 담아내고 규정함으로써 궁극적으로 문화를 형성시키고 기록하게 하는 수단이라고 할 수 있습니다. 1950~60년대에는 상품을 사는데 디자인은 그렇게 크게 중요시되지 않았습니다. 단지 가격조건이나 편리함 정도만이 영향을 미쳤을 뿐입니다. 그렇지만 근래에 이르러 디자인이 우리 생활 및 산업 속에서 큰 영향을 끼치고 있습니다.

로만손은 해마다 매출액의 5퍼센트 정도를 디자인 개발에 투입한 결과 세계시장에서의 호평은 물론 시계업체 최초로 3년 연속 GD Good

Design 마크와 SD Successful Design 마크를 획득했습니다.

최근 들어 디자인은 기업의 핵심자산과 경쟁력을 부각시킬 수 있는 가장 효율적인 커뮤니케이션 매체라는 평가를 받고 있습니다. 세계시장에서 경쟁력을 확보하는데 있어서 디자인의 중요성은 아무리 강조해도 지나치지 않습니다. 따라서 고객감성의 시대에 소비자의 결정에 가장 결정적인 영향을 미치는 요소는 디자인이라고 해도 과언이 아닙니다.

김 회장이 회사에서 가장 자주 들르는 곳은 디자인실입니다. 그는 오랜 시장 경험으로 소비자가 원하는 디자인을 족집게처럼 찾아냅니다.

또 그는 디자인 팀을 주요 수출 지역별로 나누어 지역 특유의 소비자 기호와 유행 감각을 파악하도록 한 뒤에 이를 새로운 모델을 개발하는 데 활용하고 있습니다. 그 결과 지역 담당 디자이너들은 정기 출장과 시장조사를 통해 타 업체보다 유행에 앞서가면서 새로운 모델을 개발해 내고 있습니다.

시계 분야의 브랜드에서 가장 중요한 요소를 차지하고 있는 것도 바로 디자인입니다. 시계 산업의 독자상표는 결국 디자인이 승부처일 수밖에 없습니다. 스위스의 세계적인 시계 디자이너 울프강 존슨을 과감하게 회사에 채용했던 것도 디자인이 매우 중요하다고 판단했기 때문이었습니다.

김 회장은 '로만손의 모든 제품은 디자이너로부터 시작된다'는 자부심과 사명감을 디자이너들에게 고취시키고 모든 업무의 우선순위를 새로운 디자인 개발에 두고 있습니다.

제품 생산에 필요한 모든 부품을 담당 디자이너가 개발하는 토털 디자인 시스템도 시행하고 있습니다. 이는 디자이너가 책임감을 갖고 제품을 개발하게 하는 동시에 성공을 하면 각종 인센티브를 주는 등 동기부여도 함께 이뤄지고 있습니다.

신 성장 동력을 끊임없이 발굴하라

2007년 6월에 창사 30주년을 맞은 지엔텍홀딩스 그룹은 사업의 다각화를 통해 제2의 도약을 선언했다. 먼저 지엔텍의 사업 분야를 환경과 자원 개발로 나누어 새로운 법인 형태들로 전환하고 그룹 명칭도 지엔텍홀딩스로 바꾸었다. 이에 따라 지엔텍홀딩스는 에너지 사업에 주력하는 사업 지주회사로, 지엔텍은 환경 전담 집진 전문 업체로, 지엔텍리소스는 자원 개발 전담 자회사 체제로 역할을 분담시켰다.

_정봉규(지엔텍홀딩스 회장)

기업의 미래를 이끌어갈 '신新 성장 동력' 찾기가 기업체들 사이에서 유행처럼 번지고 있습니다. 기존에 하던 사업을 아예 접어버리고 새로운 분야에 뛰어드는 기업도 많아졌습니다.

이처럼 기업의 화두話頭로 '신 성장 동력'이 급부상하고 있는 것은 FTA 등으로 외부 환경이 급속도로 변하는 험난한 경쟁 시대에 돌입하면서 기업도 '신 성장 동력' 없이는 퇴보할 수밖에 없는 상황에 직면했기 때문입니다.

기업들이 M&A기업 인수합병를 통해 새로운 사업 기반 확보에 나서는가 하면 주력 업종을 변경하거나 업종 간 영역 파괴 현상도 갈수록 심화되고 있습니다.

기업이 계속해서 존속하려면 성장 동력을 끊임없이 발굴해야 합니다. 지엔텍도 그동안은 오로지 외길 환경 사업만 추구해 왔지만 새로운 성장 동력을 발굴하기 위해 사업을 다각화해야 할 필요성을 느꼈습니다.

2007년 창사 30주년을 맞은 지엔텍홀딩스는 투자·경영 자문과 컨설팅업 등 지주회사 관련 사업을 새롭게 출범했습니다.

에너지 회사로서 제2의 도약을 선언한 지엔텍리소스는 카자흐스탄 Block-36광구를 탐사하는 등 유전 사업에도 본격적으로 뛰어들었습니다. 미국의 유전 컨설팅 회사인 스코시아 그룹이 지층 구조를 토대로 시뮬레이션을 한 중간 보고서에 따르면, 36광구는 유전이 확인될 경우 90퍼센트 신뢰수준이면 가채 매장량은 8,900만 배럴, 50퍼센트 신뢰수준이면 2억 4,700만 배럴, 10퍼센트 수준이면 5억 200만 배럴이 매장돼 있을 것으로 추정되고 있습니다.

과거 유전의 성공률은 5~7퍼센트에 불과했지만 요즘은 탐사 기술이 발달하면서 성공률도 매우 높아졌습니다. 탐사를 하는 동안에 유징油徵이 나타나고, 잠재 매장량, 가채 매장량, 경제성 등이 정확히 산출되면 유전 탐사의 성공 여부도 윤곽이 드러나게 되고, 탄성파 2D검사 결과가 나오면 곧바로 시추 탐사에 돌입하게 됩니다.

지엔텍홀딩스 그룹은 자원 개발 분야에도 눈을 돌려 환경과 에너지의 양대 축軸을 기업의 성장 동력으로 삼았습니다. 유전 탐사 사업이 가시화된다면 환경과 에너지 전문 기업으로 도약하는 등 국가산업 발전에 기여하는 글로벌 환경에너지 기업으로 발돋움할 것입니다.

지엔텍홀딩스 그룹은 지구촌의 환경지킴이이자 에너지 기업으로서 모두에게 신뢰받는 기업이 될 수 있도록 도덕적, 사회적 책임을 다해 나갈 것입니다.

남들이 기피하는 분야에서
소외받는 아이템을 찾아라

세상에는 수없이 많은 아이템이 널려 있다. 그러나 나보다 나은 사람들이 할 수 있는 아이템을 가지고 도전한다면 경쟁에서 이기기가 쉽지 않다. 틈새시장을 공략하려면 여러 사람이 달려들지 않을 3D 분야에서 내가 제일 잘할 수 있는 분야를 찾아야 한다. 수익률이 좋아서 대기업이 언제든지 뛰어들 수 있는 아이템이라면 이 또한 블루오션이 될 수 없다. 따라서 성공적인 블루오션 전략을 펼치려면 남들이 기피하는 분야에서 소외받는 아이템을 찾아내야 한다.

_오대호(정크아트 대표)

남들이 기피하는 분야에서 소외받는 아이템을 찾은 다음에는 그 아이템이 충분한 경쟁력을 갖고 있는지를 스스로 생각해 보아야 합니다. 덧붙여서 해당 분야에서 성공하게 될 경우 추종자들이 생길 것을 감안해야 합니다. 예컨대, 한 아이템을 선정했을 경우 이를 토대로 승부를 걸려면 최소 5년 이상 투자하고 기획하면서 이끌어갈 수 있는 자금력과 끈기가 있어야 합니다.

다음으로 추종자들이 생길 것에 대비한 또 다른 자신만의 질주를 생각하면서 내일을 향해 뛸 준비가 되어 있어야 합니다. 시대적 환경과 맞아떨어지지 않는 아이템이 성공할 확률은 그다지 높지 않습니다.

오대호 대표는 정크아트를 선택했습니다. 이는 환경을 바탕에 깔고 어느 누구도 성공하지 못한 독특한 소재와 형식으로 새로운 미술세계를 펼쳐나가는 예술입니다.

노후를 준비하는 사람들 대부분은 그동안 모은 재산을 가지고 여생을 안정적으로 살고자 하는 경향이 있습니다. 그러나 퇴직 후 어느 정도 생활이 여유롭다면 남이 못하는 일을 찾아서 용기 내어 자기 재산의 반을 투자해 볼 것을 권합니다. 또 자기가 하고 싶은 일을 하기 위해 그 분야의 견습생으로 들어가 기량과 테크닉을 익힌 뒤 새로운 시작을 하면 보람도 찾을 수 있을 것입니다.

대부분의 작가들은 작업을 하면서 작품을 어디에다 팔까, 누가 사갈까 하는 걱정부터 합니다. 그러나 젊은 작가라면 일단 남들이 뛰어들지 않은 분야에서 독특한 소재를 가지고 시험 작품을 열심히 만들어나가야 합니다.

예술은 틀에 박힌 방법으로 성공할 확률이 희박합니다. 오 대표도 처음에는 5,000여 평의 작업장을 만들어놓고 '나는 이런 작가요' 하고 뽐내고 싶었던 적이 있었습니다. 그러나 시간이 지나면서 그것은 망상이며, 주옥같은 작품을 만든다면 누군가 부지와 제작비용을 대줄 것이고 자신은 작품만 만들면 된다는 것을 깨달았다고 합니다.

많은 사람들이 정크아트 작품이 오래 갈 수 있을까 걱정하는데 이를 영구 보관할 수 있는 방법은 얼마든지 있다고 합니다. 특히 철로 만든 조각이 인기가 없는 것은 고객들이 작품의 영구성을 따지기 때문인데 작가는 이를 두려워하기보다는 일단 창의적인 작업을 하는 것이 중요합니다.

오대호 대표는 우리나라에도 많은 실험 작가들이 등장해서 틀에 박힌 예술을 하는 사람들에게 도전장을 멋지게 내미는 시대가 오기를 기대하고 있습니다.

큰 도전이 두렵다면 작은 것부터 시작하면 된다. 먼저 게으름과 나태함과 싸워 자신의 습관과 신념, 성실함과 친절, 노력과 열정을 승리로 이끌자. 이는 다른 사람이 훔쳐갈 수 없는 자신만의 든든한 성공 자산이 된다.

— 김성오, 『육일약국 갑시다』 중에서

국제박람회를 통해
세계시장의 흐름을 파악하라

영업을 하는 동안 방문 세일 외에 내가 가장 비중을 두고 공을 들인 것은 국제박람회에 참가하는 일이었다. 세계의 바이어들이 한자리에 모이는 국제박람회에 참가하면 디자인의 세계적 흐름을 파악하는 것은 물론 바이어의 구매 성향도 알아낼 수 있다. 내로라하는 대기업들도 참가한 적이 없는 국제박람회에 중소기업을 운영하면서 줄기차게 참여한 것도 사실은 그 때문이었다.

_김기문(중소기업중앙회장 겸 로만손 회장)

국제박람회에 한 번 참가하려면 한 해의 매출 이익 대부분을 쏟아 부어야 해 부담이 컸지만 그보다 더 김 회장을 힘들게 한 것은 인지도가 낮은 브랜드 제품을 가지고 참석한 탓에 세계시장의 두꺼운 벽을 절감해야 한다는 점이었습니다. 국제박람회에 참여했다가 눈에 보이는 뚜렷한 성과도 없이 돌아서는 그를 두고 국내 시계업계에서는 한때 정신 나간 사람으로도 취급했습니다.

그러나 소득이 전혀 없는 것은 아니었습니다. 박람회에 참가하는 동안 그는 세계시장에 뛰어들려면 디자인에 도전해야 하며, 그러기 위해서는 독창적인 디자인을 개발해야 한다는 사실을 절실하게 느낀 것입니다.

"남보다 특이한 시계를 만들어야 살아남을 수 있어."

"그렇다고 시계에 비싼 보석을 박을 순 없잖아요?"

"보석? 사람들이 보석을 좋아하는 이유가 뭘까?"

"그야 화려함 때문이겠죠."

"맞아! 바로 그 화려함을 끌어들여 시계를 보석처럼 빛나게 해보는 거야."

그 순간 '시계의 유리 표면을 깎아서 보석과 같은 효과가 나게 해보자'는 생각이 퍼뜩 떠올랐습니다. 이것이 누구도 착안하지 못했던 로만손만의 독특한 '커팅글라스' 시계가 탄생된 배경이었습니다.

커팅글라스는 보석의 이미지를 시계에 접목하여 시계의 유리 표면을 각이 지게 깎은 것인데 로만손 시계가 자립 기반의 토대를 구축한 것도 바로 이 커팅글라스 덕분이었습니다. 제품의 출시를 앞두고도 회사 내에서 찬반양론이 엇갈렸습니다.

최종적으로 시계를 생산하기로 하고도 기본 물량을 300개로 할 것이냐, 아니면 500개로 할 것이냐를 놓고 또다시 설전이 오갔습니다. 직원들의 반대를 무릅쓰고 김 회장은 1,000개 제작을 지시했는데, 그의 예상을 뛰어넘어 생산된 지 3일 만에 제품이 거의 다 팔릴 정도로 특히 두바이시장에서 선풍적인 인기를 끌었습니다. 커팅글라스 제품이 미국시장으로 확산되고, 두바이시장에서 추가 주문이 들어오면서 20억 원을 밑돌던 로만손의 연간매출액은 순식간에 60억 원으로 껑충 뛰어올랐습니다. 영업상들도 '이렇게 최단 시일 내에 많은 시계가 팔린 것은 시계 장사 20년 만에 처음'이라면서 놀라워하는 표정이었습니다.

그 이후 두 번째 찾은 바젤 국제박람회에서 로만손 시계는 더 이상 무명 브랜드 취급을 받지 않았습니다. 커팅글라스 제품이 해외시장 개척의 견인차 역할을 하면서 로만손 시계는 창업 2년 만에 도약의 발판을 다질 수 있었습니다.

기업이나 점포의 외관은 사람의 얼굴에 해당하기 때문에 최대한 깨끗하고 아름답게 꾸며야 한다. 이는 사업에 직접적인 영향을 주기 때문이다. 우리 선조들께서는 항상 이렇게 말씀하셨다.
"사람은 얼굴을 보고, 나무는 껍질을 보며, 사업의 성패는 간판을 본다."

— 스유엔, 『상경』 중에서

신기술이 기업의 흥망성쇠를 좌우한다

어느 분야든 개발을 선점한 사람은 많은 돈을 번다. 두 번째로 뛰어든 사람은 간신히 수지타산을 맞추는 정도가 되지만 뒤늦게 뛰어든 사람은 적자를 면하기 어렵다. 그래서 기업은 남보다 앞서가야 하고 2, 3년 아니 향후 10년 앞을 내다보며 불황일 때 투자하고 호황일 때 벌어들일 수 있도록 지속적인 준비와 노력을 기울여야 한다. 나는 지금까지 이 원칙을 항상 고수하며 자화전자를 이끌어왔다.

_김상면(자화전자 대표이사)

자화전자는 초창기에 이익이 크게 발생하자 매출액의 10~50퍼센트를 기술 개발 비용으로 투자했고, 지금도 5퍼센트 이상은 항상 연구 개발 비용으로 투자합니다. 2003년 자화전자의 매출액이 사상 최대로 1,000억 원을 넘어섰던 것은 기업의 흥망성쇠를 좌우하는 신기술에 많은 비용을 쏟아온 결과였습니다.

개인과 마찬가지로 기업도 미래를 내다보며 투자해야 합니다. 국내 최대 기업인 삼성그룹이 언제나 앞서가는 이유는 연간 수조 원 이상을 연구 개발 비용으로 투자하기 때문입니다. 나아가 삼성은 그룹 내 많은 브레인을 활용해 기업의 환경을 진단하고 앞날을 예측하는 등 항상 10년 앞을 내다보며 준비해 나가고 있습니다.

반면 중소기업이 어려움에 봉착하는 것은 두뇌집단이 없는 이유도 있지만 대표이사가 이 같은 마인드를 갖고 있지 않기 때문입니다. 그러나 자화전자는 초기부터 연구 개발 비용을 아끼지 않고 투자한 덕분에 PCM분야에서 지금 세계시장의 50퍼센트를 석권하고 있습니다.

자화전자를 찾은 방문객은 연구소가 공장만큼 크다는 사실에 놀랍니다. 실제로 자화전자는 회사 직원 중 25퍼센트 이상이 기술 개발 분야에서 일하고 있습니다. 연구 개발 부문에 연간 5퍼센트 이상을 투자하다 보니 우리나라 중소기업의 평균 투자비율인 0.25퍼센트에 비하면 너무 높은 것 아니냐는 이야기도 듣습니다. 그러나 이는 기업을 모르는 사람들이 하는 말입니다. 김상면 대표이사는 기술 개발 하나로 회사를 이만큼 키워왔으며, 자화전자의 경영 방침 중 첫 번째도 '기술 개발로 기업 도약'입니다.

자화전자에는 기술 개발을 하는 데 8년씩 걸린 제품도 있습니다. 이렇게 어렵게 기술을 개발하고 제품을 만들었기에 판매와 영업도 수월하게 되는 것입니다. 기술 개발을 통해 수입품목을 국산화시키면 애국도 하고, 남들이 쉽게 만들 수 없는 제품을 개발해 낸 것이기에 독점을 유지하게 되어 많은 돈도 벌 수 있는 것입니다.

자화전자가 그동안 개발한 제품은 전자회로 온도보상 소자를 비롯해 컴퓨터 HDD자기센서와 자동정온 발열체 등 최첨단 분야만도 50여 가지가 넘습니다. 자석 분야도 42종의 특허 및 실용신안 등록과 52종의 특허 및 실용신안권을 출원하는 등 모두 100여 종을 개발했습니다.

이 과정에서 전자 부품 산업의 필수적인 핵심 기술도 확보했는데 이는 신기술이 기업의 흥망성쇠를 좌우한다는 것을 입증한 사례라 할 수 있습니다.

선택과 집중으로 차별화를 시도하라

기업에서는 예측불허의 상황이 수시로 전개된다. 상대적으로 높아지는 인건비 부담과 급속히 이루어지는 제조업의 공동화와 고령화 현상, 그리고 후진국으로부터 각 분야에서 추월당하는 숨 막히는 상황도 벌어진다. 시야를 좁혀 주변의 기업 환경만 보더라도 텔레비전이나 VCR 등 아날로그 제품의 사용은 크게 줄어든 반면 PDP 등 디지털 제품의 비중은 날로 증가하고 있다. 그렇다고 주변 환경만 탓할 순 없다. 이보다는 문제의 본질에 접근하여 이를 정면으로 돌파하겠다는 자세를 가져야 한다.

_김상면(자화전자 대표이사)

기업을 이끌다 보면 언제나 시간이 부족함을 느낍니다. 이 일 저 일 밀려드는 일 처리를 하노라면 만족스럽지 못한 성과에 때로는 실망하는 경우도 있습니다. 이럴 때는 한 걸음 물러서서 지금 내게 가장 중요한 일이 무엇인지 생각해 봐야 합니다. 어차피 하루는 24시간으로 한정되어 있기에 시간을 효율적으로 활용해서 꼭 필요한 일에 전력을 쏟아 부어야 합니다.

그러기 위해서는 가장 중요한 것을 선택해 목표를 설정하고 이에 집중해야 합니다. 기업은 선택과 집중의 연속입니다. 기업에 있어서 제조업의 공동화 현상은 기존 제품의 경쟁력을 약화시키기 때문에 해외로 이전할 수밖에 없습니다.

자화전자도 1995년 중국 천진天津에 진출하여 2,700여 명이 일하는 공장을 운영하고 있습니다. 여기에는 우리 정부로부터 세계 일류제품으로 인증을 받은 PCM과 PTC 서미스터, 그리고 세계 3위의 휴대폰 진동 모터도 포함되어 있습니다. 자화전자는 세계 일류의 반열에 들어간 제품도 중국으로 생산 이전을 해야 하는 문제를 10년 전에 예측해서 결단을 내렸습니다.

디지털 시대에 살아남으려면 가볍게, 빠르게, 선택과 집중, 차별화라는 시대의 이치에 맞게 결정하고 실천해야 합니다.

가격 변화도 마찬가지입니다. 과거에는 마른 수건도 짜면 물이 나온다는 식으로 경비를 절감하고 원가만 낮추려 했습니다. 그러나 지금은 '누가 먼저 파격적인 가격으로 제품을 만들어내는가' 하는 문제를 놓고 단가 경쟁을 하거나 생산 방식 혁신 등으로 대처해 나가는 것이 중요합니다.

세계 최대 전자상거래 기업인 중국의 알리바바닷컴 마윈 회장. 그의 성공 비결 역시 '확실한 목표 수립과 집중'이었습니다. 그는 '세계 최고가 된다는 분명한 목표를 선택하고 확실한 목표에 집중할 수 있으면 80퍼센트는 성공한다'고 말합니다.

목표를 분명히 하고 이에 집중할 수 있다면 성공할 가능성은 더욱 높아집니다. '선택과 집중의 방식'은 일견 평범해 보이는 구호지만 이를 행동으로 옮긴다는 것은 쉽지 않습니다.

한때 소니와는 비교의 대상도 되지 않는다는 평가를 받았던 후발주자인 삼성전자가 소니를 따라잡은 것도 따지고 보면 선택과 집중의 전략을 효과적으로 펼친 결과였습니다.

삼성전자가 '디지털화'라는 시대적 흐름을 선택하고 이에 집중하여 성공을 거두었듯이, 기업들도 각자 전문분야에서 시대적 흐름을 파악하면서 자신의 강점을 선택하고 이에 집중하는 노력을 기울일 때 성공이라는 수확을 걷을 수 있을 것입니다.

능력이 없는 사람일수록 많은 것을 하려고 한다. 가만히 있어도 힘이 달리는데 여러 가지를 하니까 어디서도 최고가 될 수 없다. 최고가 되기 위해서는 먼저 하지 말아야 할 것을 정하고, 해야 할 일에 자기가 가진 모든 것을 쏟아 부어야 한다. 그러면 누구라도 어느 분야에서든 최고가 될 수 있다.

— 후나타니 슈지, 『곱셈 발상』 중에서

사소한 것도 소홀히 하지 마라

최근 경영학에서 각광받고 있는 '깨진 유리창 이론(Broken Window Theory)'은 원래 범죄학에서 출발한 이론이다. 깨진 유리창을 방치하면 건물 관리가 소홀해지면서 우범지대로 변한다는 것으로, 즉 깨진 유리창이 사소한 범죄를 낳고 이로 인해 건물 전체가 결국 범죄의 온상이 된다는 뜻이다. 때문에 조직에서 깨진 유리창을 찾아내지 못하면 CEO로서는 은연중에 신중하지 못한, 그래서 중요한 일을 맡기기에는 어딘가 모자라는 사람으로 낙인찍혀 도태될 수 있다.

_김봉수(키움증권 부회장)

'깨진 유리창 이론'을 가장 잘 설명해 준 사례가 미국의 루돌프 줄리아니 Rudolph William Louis Giuliani III 전 뉴욕시장의 치안 정책입니다. 뉴욕은 세계 최고의 도시라는 명성에 걸맞지 않게 범죄율이 가장 높은 도시로도 악명을 떨쳤습니다. 이때 뉴욕시장으로 새로 취임한 줄리아니 시장은 마약, 살인 등 중범죄보다 경범죄 소탕에 더 관심을 쏟았습니다. 때문에 줄리아니 시장은 '겁쟁이'라는 비난도 들었지만 결과적으로 사소한 범죄를 집중 관리하는 동안 전체 범죄율도 크게 줄어들었다고 합니다.

경영도 마찬가지입니다. 경영 전략이나 미래 비전에는 많은 시간과 노력을 기울이면서 정작 기업을 갉아먹는 사소하지만 치명적인 것들에는 눈을 돌리지 못하는 기업들이 의외로 많습니다.

미국의 한 홍보업체 사장이었던 마이클 레빈은 1982년 3월에 범죄학자인 제임스 윌슨과 조지 캘링이 《월간 애틀랜틱》에 발표한 이 이론을 경영 이론에 접목시켰습니다.

그는 1980년대 코카콜라의 신상품이었던 '뉴 코크'의 실패, 2000년대 '맥도날드의 위기'를 '깨진 유리창 법칙'을 통해 소비자를 생각하지 않은 사소한 잘못에서 시작된 실패담으로 소개했습니다. 기업이 경영 전략 수립에는 많은 투자를 하면서도 사소하지만 정작 중요한 것을 소홀히 다뤄 고객을 놓치는 경우가 많다고 해석한 것입니다. 정리되지 않은 매장으로 인해 고객이 겪은 한 번의 불쾌한 경험은 기업을 흔들 만큼 확대될 수 있습니다.

이 이론은 재정 계획 및 재테크의 기본에도 적용시킬 수 있습니다. 우리의 일상에서 생활 경제의 두 축軸은 수입과 지출인데 지출은 가정 경제의 가장 큰 고민거리입니다. 매월 아무 생각 없이 사용하는 신용카드와 같은 사소한 지출들도 건전한 가정 경제를 좀먹는 깨진 유리창이 될 수 있습니다.

깨진 유리창을 없애고 이를 치유하려면 어떻게 해야 할까요. 마이클 레빈이 제시한 해법은 '강박 관념'과 '강박 행동'입니다. 즉, '대충대충, 적당히'가 아니라 원칙에 대해서 스스로 무모하리만큼 강박적인 행동을 하라고 주문합니다.

생활 경제에 있어서도 자신에게 실수를 허용하며 스스로에게 관용을 베푸는 느슨한 자기 합리화 습관을 떨쳐내는 것이 재테크를 시작하는 첫 단추가 되어야 합니다.

어떤 일이 되었든 간에 크든 작든, 아주 사소한 일이든, 그것에 조금이라도 관심을 쏟고 행동으로 옮기면 나눔의 기쁨을 느낄 수 있다. 세상은 그 작은 봉사들로 인해 조금씩 살 만한 곳으로 바뀌어가는 것이다.

— 리처드 칼슨, 『우리는 사소한 것에 목숨을 건다』 중에서

자체 브랜드로 승부를 걸어라

1990년대 우리나라의 수출이 크게 줄어든 것은 국내업체들이 자체 브랜드 육성은 소홀히 하고 OEM 방식에 의존하면서 해외 수출 기반이 취약해진 탓이다. 생산은 다른 데에서 하고 상표만 붙여 파는 OEM 방식은 바이어에게 좋은 일만을 시켜주는 얼굴 없는 수출이다. 인건비가 지속적으로 상승되는 한국에서 OEM 수출만 고집하면 궁극적으로는 중국이나 동남아에게 추월당할 수밖에 없는 상황이 벌어지게 된다.

_김기문(중소기업중앙회장 겸 로만손 회장)

1988년 로만손이 처음으로 회사를 설립했을 때, 김기문 회장은 OEM 방식을 통해 일본시장을 뚫으려 했습니다. 그러나 엔화가 상승하자 바이어들은 하루아침에 거래처를 대만과 홍콩으로 바꾸었고, 로만손은 쓰라린 실패를 맛보아야 했습니다. 아무리 여건이 어려워도 자기 상표로 수출해야 살아남을 수 있다는 교훈을 이때 절실히 깨달았습니다.

실제로 당시 대부분의 국내업체들은 브랜드의 중요성을 깨닫지 못하고 수익성을 높이기 위해 생산 위주의 전략에만 치중해 왔습니다. 그 사이 해외 유명 브랜드들은 빠른 속도로 국내시장을 잠식했고, 심지어 일부 품목은 외국 브랜드가 아니면 소비자들이 외면하는 안타까운 현실마저 벌어지고 있었습니다.

로만손을 창업할 무렵만 해도 시계 분야의 내수시장은 오리엔트와 삼성, 한독, 아남 등 큰 기업들이 80퍼센트 이상을 차지해 갓 창업한 작은 회사는 비집고 들어갈 틈이 없었습니다. 이에 그는 브랜드에 대한 선입관이 적은 해외시장을 뚫기 위해 샘플을 들고 바이어들을 찾아 나섰지만 수출 길은 쉽게 열리지 않았습니다. 그러나 밤잠을 설쳐가며 제품 개발에 몰두한 결과 커팅글라스 제품이 인기를 누리면서 로만손이라는 브랜드를 세계시장에 알릴 수 있었습니다.

기업이 성공적인 해외 마케팅을 하려면 고유 브랜드의 필요성에 대해 최고경영자가 인식을 확고히 해야 합니다. 브랜드 수출은 상당규모의 투자가 있어야 하며, 또 브랜드 전환 후 일시적인 수출 감소의 어려움도 감수해야 하기 때문입니다.

다국적 기업의 유명 브랜드들이 가진 마케팅 능력의 핵심은 브랜드입니다. 그들은 수십 년 동안 차별화된 이미지로 브랜드 인지도를 높이고 브랜드의 자산 가치를 높여왔습니다. 때문에 해외시장에 진출해서도 막대한 광고나 판촉활동 없이도 로열티Loyalty를 갖고 시장을 점유할 수 있는 것입니다.

로만손은 창업 초기부터 세계시장 진출에 목표를 두었기 때문에 브랜드도 세계화 전략에 맞춰 개발하였습니다. 브랜드 이름인 '로만손'도 스위스의 'Romanshorn'이라는 시계공업도시 지명地名에서 따왔습니다.

이 역시 세계시장에서 시계의 명성과 신뢰도는 스위스 제품이 높다는 점을 브랜드 마케팅 전술 차원에서 원용援用한 것입니다.

　세계적으로 성공한 기업들의 공통점을 든다면 대기업의 OEM주문자 상표부착 또는 ODM제조자개발생산 방식에 의존하지 않고 로만손처럼 그들만의 고유 브랜드를 키워온 결과였습니다. '자체 브랜드'를 가지고 승부수를 던질 때 비로소 글로벌 시장에서 두각을 나타낼 수 있다는 것이 로만손에서 배울 수 있는 교훈이 될 것입니다.

호기심은 곧 블루오션의 시작이다

나는 무엇이든 궁금하면 못 참는 성격이다. 아파트에서 타워크레인(tower crane) 작업을 하는 것을 보면 대체 저것이 어떤 방식으로 건물을 올리는지, 언제 한 층을 올리는지를 물어봐야 했고, 궁금한 것을 알지 못하면 잠을 이루지 못했다. 장난감을 사도 그랬다. 다른 친구들은 그저 갖고 놀기에 바쁘지만 나는 먼저 분해를 한 뒤 다시 맞춰봐야 했다. 특히 부속이 약하거나 결함이 있으면 꼭 개조를 한 뒤에 장난감을 갖고 놀았다.

_오대호(정크아트 대표)

아무 짝에도 쓸모없던 고철 조각들을 모아 하나의 작품으로 완성시키는 정크아트가 새로운 블루오션 전략으로 자리매김하면서 오대호 대표의 인생에 새로운 삶이 펼쳐졌습니다. 그러나 정크아트에 대한 그의 소질은 어느 날 불쑥 생긴 것이 아니라 아주 어릴 적 그의 습관에서부터 조금씩 싹트고 있었습니다.

오 대표는 어떤 물건이든 자신의 스타일에 맞게 조정해서 사용하는 버릇이 있습니다. 평소에 못 보던 물건이나 관심 대상을 발견하면 운전 중이어도 반드시 차에서 내려서 궁금증을 풀어야 직성이 풀렸습니다. 이런 호기심 때문인지 그는 어떠한 기계를 보더라도 그 속에 들어 있는 부속들의 작동 원리가 자연스레 머릿속에 그려졌다고 합니다.

때문에 그는 폐기물을 자기에게 맞게 자르고 붙이고 여러 개의 고물을 접합시켜서 새로운 형상을 만들어내는 정크아트에 관한 한 자신에게 경쟁력이 있다는 생각을 하게 되었습니다. 어릴 때부터 품어왔던 기계에 대한 호기심과, 많은 현상을 과학으로 풀어보고 상상한 것들을 예술로 승화시키려는 습성이 정크아트에 꼭 필요한 요소였기 때문입니다. 작업을 할 때마다 순간순간 결정해야 하는 상황에서 어릴 적부터 호기심 때문에 넓어지고 깊어진 지식의 폭은 그의 작업 시간을 훨씬 단축시켜 주었습니다.

그는 아이들과 어울리기를 좋아합니다. 아내는 아이들과 한 몸이 되어 레슬링과 씨름을 하는 그에게 채신머리없다며 종종 놀리곤 하지만 그는 아이들과 눈높이를 맞추면 동심童心의 세계로 돌아갈 수 있어서 좋다고 합니다.

아이들과 놀다 보면 거침없는 행동 때문에 당혹스러울 때가 많습니다. 이를 보고 부모는 아이에게 '어른에게 버릇없이 군다'며 혼내지만 그는 이러한 아이들의 행동도 즐기는 편입니다. 오히려 아이들을 만나면 그저 예쁘게만 보여서 '친구하자'고 그가 먼저 손짓을 보냅니다.

때 묻지 않은 천진난만한 아이들의 모습은 그의 작품 구상에도 많은 도움이 됩니다. 그는 아이들이 자신의 작품에 올라타서 마음껏 만져보고 작동도 해보면서 좋아하는 모습을 지켜볼 때가 가장 보람을 느낀다고 합니다.

창조적인 예술 작업을 하는 사람들에게서 호기심과 아이디어가 샘솟아 나오듯, 끊임없는 탐구정신과 사물에 대한 끝없는 호기심 덕분에 오대호 대표도 정크아트라는 독특한 장르를 개척할 수 있었던 것입니다.

해외시장으로 눈을 돌려라

로만손이 창업할 당시 한국의 시계시장은 오리엔트, 갤럭시, 자가 포카스, 마리안느, 샤갈과 수입 브랜드인 라도, 오메가 등이 막강한 그룹을 형성하고 있었다. 여기에 삼성, 아남, 한독 등 4대 대기업이 국내시장의 80퍼센트 이상을 점유하고 있는데도 내수시장은 88올림픽 특수를 타고 호황을 이루고 있었다. 그러나 나는 호황은 일시적일 수밖에 없을 것으로 보고 일찍 해외시장에 눈을 돌렸다.

_김기문(중소기업중앙회장 겸 로만손 회장)

로만손이 창업 이래 일관되게 적용하고 있는 원칙 중 하나가 '1국 1바이어 원칙'입니다. 로만손의 커팅글라스 제품이 해외에서 폭발적인 인기를 누리자 각국 바이어들이 자신들을 에이전트로 선정해 달라는 요구가 빗발쳤습니다.

사우디아라비아에서도 바이어 간에 로만손 시계를 독점하기 위한 과열 경쟁이 벌어졌는데, 이 과정에서 김기문 회장은 협박까지 당하기도 했습니다.

그러나 로만손 시계는 한 나라에 하나의 바이어만 두었지 절대로 두 명 이상의 바이어를 두면서 경쟁을 유도하지 않았습니다. 대신 에이전트는 한 곳으로 하되 선정 작업은 현지 대사관과 코트라 등 무역 관계기관에 의뢰하여 영업 경력, 매출액, 현지 지명도를 감안해 신중에 신중을 기해 결정했습니다.

'1국 1바이어 원칙'을 고집한 이유는 한 나라에 2, 3명의 바이어를 두면 로만손 시계의 전체 판매량은 늘어날지 모르지만 나중에는 가격 경쟁이 벌어지게 됩니다. 그러면 단기적으로는 판매량이 늘어날 수 있으나 중장기적으로 봤을 때 브랜드 관리는 물론 바이어의 이윤추구나 A/S 등 사후관리가 소홀해지므로 손해를 보게 됩니다.

1국 1바이어 원칙을 고수하면 바이어도 자기 나라에서는 로만손을 자기 브랜드처럼 관리한다는 장점이 있습니다. 현지 바이어의 이익을 확실하게 보장해 주는 대신에 그는 바이어에게 매년 판매 목표를 제시하여 이를 달성하면 수출 가격을 낮춰주고 광고판촉비도 지원해 주는 등 관리를 철저히 하고 있습니다.

우리나라는 자원이 부족한 국가이므로 수출을 주도적으로 하여 외화를 벌어들일 수밖에 없습니다. 대기업들은 자본력이 있어 국외의 수출 전략에서 기업적인 마케팅에 투자도 하지만 자본이 적은 중소기업들은 국가적 지원을 받아 외국으로 수출을 하는 마케팅 전략을 집중해야 합니다.

이처럼 로만손은 일찍부터 해외시장에 눈을 돌렸기에 로만손이라는 브랜드를 널리 알리면서 기업의 경쟁력을 확보할 수 있었습니다. 이는 김기문 중소기업중앙회장 겸 로만손 회장이 '1국1 바이어 원칙'이라는 일관된 원칙을 고수하면서 해외시장에 뛰어든 결과 덕분이었습니다. 이 때문에 로만손의 브랜드는 국내보다 해외시장에서 먼저 인정받는 기업이 되었고, 이제는 이를 발판으로 지속적인 발전을 거듭하고 있습니다.

매사가 순조롭고 평안할 때는 누구나 원칙을 지키려고 한다. 그러나 원칙을 원칙이게 만드는 힘은 어려운 상황, 손해를 볼 것이 빤한 상황에서도 그것을 지키는 것이다. 힘든 상황에서도 원칙을 지켜나간다면 그것이 언젠가는 큰 힘을 발휘하게 될 것을 믿는다.

—안철수, 『나의 선택』 중에서

장사는 적성이 아니라 현실이다

창업자에게 가장 중요한 것은 창업하는 마음가짐이다. 첫째, 종업원이 있든 없든 주인은 제일 먼저 출근해 준비해야 한다. 둘째, 이익부터 생각하지 않는다. 셋째, 적성에 얽매이지 않아야 한다. 장사란 속성상 자신은 최대한 낮추고 고객은 최대한 떠받들어야 한다. 따라서 적성에 맞지 않는다는 것은 말이 안 된다. 장사는 '적성'이 아니라 '현실'이라는 것을 창업자는 두고두고 가슴에 새겨야 한다.

_이현재(前 중소기업청장)

"퇴직금을 다 털어 넣고 빚까지 얻어 음식점을 개업했는데 장사가 안 된다. 왜 그럴까?"

중소기업중앙회가 컨설팅 전문가 197명을 대상으로 소상공인 창업의 성공과 실패 요인을 조사했다. 그 결과 컨설팅 전문가들은 창업의 실패 요인으로 29.5퍼센트가 준비 기간의 부족을 꼽았다. 다음으로 24.4퍼센트가 경영자의 경영의식 부족을, 12.7퍼센트는 사업 아이템 선정의 실패를, 11.2퍼센트는 입지 선정 실패를 각각 지적했다.

이 가운데 대충과 얼렁뚱땅은 치명적 실패 요인으로, 비합리성과 주먹구구식 일처리, 고객에 대한 배려 부족, 게으름, 인내심 부족 등은 망하는 지름길로 지적됐다. 반면, 성실과 부지런함, 친절과 미소, 배우려는 자세, 꼼꼼함과 합리성, 정직함 등은 성공을 위한 기본 덕목으로 꼽혔다.

컨설팅 전문가들은 '창업 실패 7계명'도 제시했다.

① 조급한 마음을 가져라.

② 처음부터 무리하게 시작하라.

③ 트렌드를 무시하라.

④ 경영자는 경영만 해야 한다.

⑤ 항간의 소문을 그대로 믿어라.

⑥ 사업 계획 없이도 잘할 수 있다.

⑦ 자신의 경험과 적성을 무시하라.

컨설팅 전문가들은 창업 자금에 무리가 없으면서 적성이나 성격, 경험과 소질이 반영되고, 향후 소비 흐름과도 맞아 떨어지는 그런 업종을 선택하는 것이 중요하다고 말한다.

그렇다면 성공하는 창업자는 무엇이 다를까. 창업 전문가들이 말하는 '창업 성공 기본 수칙 10가지'는 다음과 같다.

① 바닥부터 시작한다는 프로의식을 가져라.

② 고객 앞에서는 체면, 자존심을 버려라.

③ 사업 규모는 자금 규모에 맞춰라.

④ 처음부터 큰 투자는 하지 마라.

⑤ 고객과 상권을 선점하라.

⑥ 새로운 업종보다 발전 가능성이 있는 성장 초기의 유망 업종을 선택하라.

⑦ 창업 전문가를 적극적으로 활용하라.

⑧ 신문·잡지·방송에 나오는 기사나 광고에 현혹되지 마라.

⑨ 시장 변화에 대한 정보를 취사선택할 수 있는 안목을 길러라.

⑩ 건강을 관리하라.

성공을 부르는 한마디

자기사업을 한다는 것은 자신이 내린 모든 결정에 대해 스스로 책임지는 것을 뜻한다. 이는 많은 사람이 소망해도 무척 힘이 드는 길이다. 조직의 울타리가 얼마나 대단한 것인가는 울타리 밖으로 나와 보지 않고는 알 수가 없다. 그래서 나는 조그만 구멍가게일지라도 스스로 꾸며온 사람들을 예사롭게 보지 않는다.

—공병호, 『인생의 기술』 중에서

돈을 벌려면 시스템을 구축하라

작가 버크 헤지스가 쓴 『파이프라인의 우화』라는 책에는 양동이로 매일 물을 길어서 먹는 사람이 등장한다. 반면 3~5년 동안 고생해서 파이프 공사를 한 뒤 자자손손 대대로 물을 긷지 않고 먹을 수 있는 시스템을 구축하는 사람도 있다.

돈을 벌었기 때문에 성공한 것이 아니라, 성공했기 때문에 돈을 번다는 말이 있다. 사람들이 부자가 되기에 앞서 먼저 그에 걸맞은 기본적인 소양과 내면세계를 갖출 것을 강조하는 이유도 이러한 맥락에서 찾을 수 있다.

_김봉수(키움증권 부회장)

세상에서 돈을 버는 방법은 대체로 세 가지가 있습니다.

첫째는 자기 몸으로 일을 해서 돈을 버는 방법입니다. 통상 샐러리맨이나 자영업자의 대다수가 이런 방식으로 돈을 버는데 가장 힘든 방식입니다. 자기가 하던 일을 멈추었을 때 수입 발생이 즉시 멈추거나 감소하는 경우라면 여기에 해당되며, 이런 부류들은 일을 할 수 없게 되었을 때 심각한 고통을 느끼게 됩니다.

두 번째는 자본을 이용해서 돈을 버는 방법입니다. 이 단계는 말 그대로 돈이 돈을 버는 단계인데, 이렇게 하려면 우선 일정량의 종자돈Seed money을 모아야 합니다. 종자돈을 마련하려면 무조건 절약해서 일정 금액이 될 때까지 은행에 저축하거나, 적립식 펀드나 주식을 사서 목돈을 준비하는 방법이 있습니다.

어느 정도 종자돈이 만들어졌다면 이제는 이를 어떻게 불릴 것인지를 고민해야 합니다. 기본적으로 은행에 저금해서 얻은 이자수입을 활용하거나, 주식을 통해 배당을 받거나, 채권을 사서 이자수입을 올리거나, 부동산을 구입해서 시세 차익을 노리는 방법 등이 있습니다.

그러나 앞의 두 방법보다 더 고차원적인 돈벌이 방법은 시스템에 의해 돈을 벌 수 있도록 제도적인 장치를 마련하는 것입니다. 예컨대, 베스트셀러를 출간하여 인세를 받는다든지, 특허를 내서 로열티를 받거나 부동산을 임대해 임대 수익을 받는 형태를 들 수 있습니다. 경기와 무관하게 수익을 올리는 부자의 비결은 여기에 있습니다.

김봉수 부회장은 대학생들을 대상으로 재테크 강의를 할 때에 "주식을 절대 어렵게 생각하지 마라"고 말합니다. 주식을 은행에 저금하는 것과 같은 맥락에서 이해하고, 적금을 들되 반은 은행에 반은 상장주식이나 채권을 사놓는 방법으로 운용하면 좋다고 조언합니다.

그는 지금도 상장주식펀드를 매달 삽니다. 상장주식펀드는 개별 종목이 아니라 주가지수의 변동에 따라 사고팔기 때문에 사서 가지고만 있으면 주식시장이 1~2년 이상 지속적으로 떨어지지 않는 한 은행에 적금한 것보다 수익이 높게 나오는 편입니다. 이것은 그의 경험에서 비롯된 결론이자 돈을 버는 매우 유효한 방법이라고 강조합니다.

주역에서는 부자가 되는 방법으로 먼저 돈을 모으려면 돈이 있는 곳으로 가라고 말합니다. 그리고 돈을 벌려면 큰 내(川)를 건너는 모험을 하여야 하고, 하려는 사업은 국가나 사회가 지향하는 사업이어야 하며, 사업을 하기에 앞서 먼저 해당 분야에서 성공한 현인을 만나 예의를 다한 뒤 가르침을 받으라고 말하고 있습니다.

이는 돈을 버는 시스템을 갖추기에 앞서 한 번쯤 되새겨보아야 할 가르침이 아닌가 싶습니다.

5장
성공한 사람들이 들려주는
성공 철학

첫 번째 철학, **인간 관리**
두 번째 철학, **시간 관리**
세 번째 철학, **건강 관리**

• • •

성공하는 사람은 인맥과 사람 관리에 많은 것을 투자합니다. 실패하는 사람은 인맥을 이용하고 남의 도움을 받는 데에만 관심을 가집니다. 성공하는 사람의 대부분은 남들보다 훨씬 많은 일을 하면서도 바쁜 티를 내지 않습니다. 시간 관리를 잘하기 때문입니다. 반면에 실패하는 사람은 되는 일도 없이 바쁘기만 하고 항상 시간에 쫓깁니다. 시간 관리에 실패한 때문입니다. 성공하는 사람은 또 가족과 자신의 건강 관리에도 소홀하지 않습니다. 몸과 마음이 건강하지 않으면 아무것도 할 수 없다는 것을 잘 알고 있기 때문입니다.

아무도 가지 않는 길을 가라

황소 위에 올라 탄 로봇이 키보드를 두드리고 거대한 로봇은 허리를 돌리며 팔까지 움직인다. 곤충도 바람에 금방이라도 날아갈 것처럼 날개를 펄럭인다. 농기계와 오토바이 부품 등으로 만든 5미터 크기의 대형 로봇, 폐농기계와 부품, 폐가전제품들로 만든 황소와 메뚜기, 전갈 등이 관람객을 향해 손짓을 한다. 점화 플러그는 지붕 벽돌로, 숟가락은 눈으로, 볼트와 너트는 작은 병정으로 태어나고, 오토바이의 배기통과 기름통은 걸리버로, 버려진 철골은 코뿔소 등 동물로 새롭게 변신했다.

_오대호(정크아트 대표)

정크아트는 폐품을 예술작품으로 승화시키면서 환경과 자연을 생각하게 합니다. 정크아트는 생활 속에 쉽게 접할 수 있는 주변의 재미난 요소들이 작품의 재료가 되기 때문에 한참 동안 보아도 질리지 않는 매력이 있습니다. 또한 움직이고 변하는 작품들이 많아서 아이들이 무척 좋아합니다. 정크아트 작품은 관람에서 끝나는 시각 전용 미술이 아니라 만져보고 느낄 수 있는 체험 미술입니다. 아이들은 작품인 로봇을 타고 놀면서 새로운 미술세계를 경험하게 됩니다.

지금까지 오대호 대표의 작품 활동은 정크아트의 장르를 구축하기 위한 시작에 불과했습니다. 그러나 앞으로는 생활 속의 폐품을 이용해 여러 가지 모양을 만들어 관람객과 학생들에게 볼거리를 제공하는 정크아트의 진수를 보여줄 생각입니다.

그가 가장 관심을 두는 것은 아이들에게 자연과 환경의 소중함을 깨우쳐주는 일입니다. 그래서 초등학생이 단체 방문할 때는 직접 작품을 만들어볼 수 있게 하거나 아이들만을 위한 1박 2일간의 환경교육 프로그램도 구상하고 있습니다.

그는 만들던 로봇을 때려 부수고 울던 지난날을 떠올리면서 목적 없이 살았던 그 시절을 이따금 생각해 보곤 합니다. 정크아트 작업을 하는 동안 "목적 없이 살았던 과거의 삶이 쓸모없는 형태로 버려진 고물들이 아니었을까?" 하는 생각도 해보았습니다. 그럴 때마다 앞으로는 새로운 삶을 살아보자고 스스로 다짐하곤 합니다.

5년 동안 혼자서 정크아트 작품에 몰두하고 있을 때 주위에서는 그를 미친 사람이라고 비웃기도 했습니다. 그러나 그는 아무도 가지 않는 길을 가는 것이 곧 성공의 길이라고 말합니다.

이제는 작품 활동도 외부적으로 널리 인정을 받아 어느새 그도 국내외 유명 축제에서 앞을 다퉈 초청되는 작가 1순위로 부상했습니다. 대전 사이언스 페스티벌과 KAIST의 초대작가로, 서울 청계천 축제의 초대작가로 초빙되기도 했습니다.

살아 있는 동안 1만 점의 작품을 만들겠다는 목표를 그가 이룬다면 5년쯤 뒤에는 세계에서 작품을 가장 많이 만든 작가로 기록될 수 있을 것입니다.

앞으로 그의 소망은 건물 7층 높이의 거대한 로봇을 만드는 것입니다. 현대미술과 과학의 랑데부라고 할 수 있는 이 작품을 통해 아이들이 로봇의 다리를 타고 로봇 내부로 들어가 과학과 미술에 대해 배우게 한다는 것이 그의 꿈입니다.

투자의 기본은 인간이다

"버스회사에 투자하고 싶은데 어떻게 하면 되나요?"

"왜, 버스 사업을 해보시게?"

"네."

"그러면 지입을 넣으라고, 그래야 돌아가는 상황을 알지."

나의 정확한 업무처리와 신용을 인정하는 사람이 버스사업 요령을 알려주었다. 지입

이란 버스 차주는 따로 있으면서 그 버스를 회사에 빌려주는 것이다.

_권영우(세명대학교 설립자)

권영우 세명대학교 설립자는 지금의 자신을 있게 한 것은 '운수업'이라고 말합니다. 운수업은 훗날 그가 대학을 세울 때 물질적 토대이자 사회에 기여하고 봉사할 수 있게 해준 실질적 기반이 되었습니다. 그는 시외버스터미널 앞에서 신용금고를 운영하고 있을 때 거래를 하던 버스터미널 관계자로부터 설명을 듣고 운수업이 제법 해볼 만한 사업이라고 판단하게 되었습니다.

운수업은 말 그대로 현금 장사여서 그런 매력을 따라갈 만한 사업이 없을 것 같았습니다. 그는 버스터미널 관계자의 말대로 버스 한 대를 구

입해서 지입을 넣고 운수 업무를 배우다가 부도가 난 버스회사를 인수해서 본격적으로 버스 사업에 뛰어들었습니다.

적자투성이의 버스회사를 인수했으니 수익을 내는 것이 급선무였습니다. 회사의 이름을 대원여객이라고 짓고 버스회사의 구조적인 문제점을 하나하나 찾아 나섰습니다.

옛날에는 버스에 기사와 안내양이 함께 탔습니다. 기사는 운전을 하고 안내양은 돈을 받고 손님을 태우는 역할을 분담했는데, 안내양이 몰래 돈을 빼돌리는 일이 발생해 수시로 몸수색을 하는 것이 버스업계의 관행이었습니다.

안내양들은 자신들이 일률적으로 도둑 취급을 당하자 몸수색에 따른 수치심과 모욕감에 치를 떨었습니다. 들은 바가 있어서 권 대표도 새벽같이 버스가 다니는 길목의 정류장에 서서 직접 확인도 해보았지만 이런 식으로 해서는 도저히 사업을 할 수 없다는 판단이 섰습니다. 안내양들의 불만은 회사의 수익 감소로 이어졌고, 자기를 믿지 않는 버스회사를 위해 승차요금을 제대로 챙겨주려 하지 않았습니다.

그럼에도 권영우 대표는 기숙사를 지은 뒤 회사 부근의 옥탑방과 지하방에서 어렵게 사는 안내양들을 모두 입주시켰습니다. 당시로서는 상상도 못할 파격적인 조치였습니다. 동종 업계에서는 "얼마나 이윤이 남는다고 직원에게 돈을 쓰냐?"며 비아냥댔습니다.

그러나 어린 나이에 길바닥에서 먹고 자는 풍찬노숙風餐露宿을 경험한 그는 잠을 설치면 다음날이 불편해지고, 그것이 쌓이면 건강을 해친다는 사실을 누구보다 잘 알고 있었기에 이러한 결단을 내린 것이었습니다.

진심은 통했습니다. 쾌적한 기숙사에 입주한 안내양들은 회사를 대하는 태도가 달라졌고, 돈을 빼돌리는 일이 줄어들면서 회사의 수익도 늘어났습니다.

'투자의 기본은 인간이어야 한다'는 그의 기본적인 사업관도 이때 싹이 텄습니다. 회사 구성원들을 인간적으로 대하자 그들도 인간적으로 정직하게 근무한다는 사실을 깨달은 것입니다. 사람은 의식주가 해결되어야 도덕도 인륜도 있고, 국가와 민족도 생각하게 됩니다. 또한 의식주가 해결되어야 활동 여력이 생기며, 더 신명나게 일을 하는 것입니다.

아울러 버스의 생명은 안전 운행에 있습니다. 버스는 한 번 사고가 나면 회사 입장에서도 보통 큰 손실이 아닙니다. 여기에 착안한 구상이 운수업계 최초로 부인에게 월급봉투를 직접 주자는 제안이었습니다. 처음에는 기사들의 불만이 대단했지만 월급을 통째로 받은 아내들은 크게 환영했고, 경제권을 빼앗긴 기사들이 술 마시는 횟수가 줄어들면서 사고도 줄어드는 등 일석삼조의 효과가 나타났습니다.

그는 사업을 하면서 '5퍼센트 지시, 95퍼센트 확인'이라는 경영철학을 실천했습니다. 어떤 경영자들은 지시를 많이 하고 확인을 하지 않는 경우가 많지만 그는 지시는 적게 하고 대신 확인을 많이 하는 편입니다.

지입버스 한 대로 출발한 그가 부도난 버스회사들을 인수하면서 보유 차량이 3,000여 대가 넘는 전국 최대의 버스회사를 키울 수 있었던 것은 조금씩 이윤을 모아 버스를 늘리고 작은 회사들을 인수하며 끊임없이 재투자를 했기에 가능한 일이었습니다.

내가 세상을 살아오면서 얻은 아주 중요한 교훈 중의 하나는, 그 어떤 일도 혼자서는 이룰 수 없다는 것이다. 세상 모든 일에 있어 우리는 누구나 상호의존 관계에 있다. 감사드리고 싶은 사람이 너무 많아서 일일이 열거할 수 없는 게 안타깝다.

—브라이언 트레이시, 『성취심리』 중에서

CEO는 생각이 앞서가야 한다

기업은 달리는 자전거와 같아서 계속해서 페달을 밟지 않으면 안 된다. 따라서 기업은 끊임없이 신제품을 기획하고 새로운 기술을 개발해야 한다. 그러다 보면 매출도 자연스럽게 늘어나게 된다. 인재가 필요하면 직원들에게 보다 좋은 대우를 해주고 교육을 시켜야 한다. CEO는 이처럼 선순환(善循環)이 이뤄지도록 기업을 이끌어가야 한다. 사람이 살기 위해 하루 세 끼 적당한 식사로 인체에 영양을 공급하듯 기업에게도 기술 개발은 기업의 생존을 위한 필수 요소가 된다.

_정구용(인지그룹 회장)

기업의 투자는 선택이 아니라 필수입니다. 기업이 기술 개발에 투자하지 않는 것은 영양 공급을 중단하고 가진 체력만 소모하다 영양실조로 죽겠다는 것과도 같습니다. 그래서 어떤 기업이든 살아남으려면 새로운 기술을 개발해야 하며 보다 좋은 제품을 만들기 위해 혼신의 힘을 다해야 합니다.

1991년 H자동차는 처음으로 '불량률 100PPM'이라는 규정을 만들어 '앞으로 H자동차에 납품하는 업체들은 완성품 불량률을 100PPM 이하로 관리해야 한다'고 선언했습니다. 100PPM은 1만 개 중에 하나의 불량만을 허용한다는 것인데 사실상 가능하겠느냐는 것이 당시 많은 사람의 생각이었습니다. 그러나 정 회장은 관리직 사원과 아침 7시에 출근해 함께 품질 개선 활동을 하면서 목표를 달성해 나갔습니다.

최근 신 경영기업이 도입된 기업에서 시작한 경영 개선 활동 가운에 하나가 '6시그마 기법'입니다. 6시그마란 어떤 제품을 100만 개 만들었을 때 그중에 3.4개 이내의 불량만을 허용한다는 뜻인데 이는 실제 업무상 실현될 수 있는 가장 낮은 수준의 실수인 불량률 0을 의미하는 것입니다. 이처럼 기업이 경쟁에서 살아남으려면 끊임없는 기술 개발과 생산성 향상, 품질 개선을 위한 투자를 계속해야 합니다.

정구용 회장은 컴퓨터 장비도 경쟁사보다 더 일찍 도입했습니다. 직원이 100명 정도로 늘어났을 때 전체 직원이 400명쯤 되는 다른 회사를 찾아갔더니 공장장이 현황을 설명하면서 "앞으로는 컴퓨터와 CAD를 도입해서 도면을 컴퓨터로 그리게 될 것"이라고 자랑했습니다. 그 모임에 참석한 회사 사장들은 전산화 작업에 대해 잘 알지 못하던 시기여서 호기심들이 대단했습니다.

그러나 그는 이미 3년 전에 같은 기종의 컴퓨터를 도입해 두 번이나 업그레이드를 시켰고, CAD 시스템은 이미 10세트를 도입해서 모든 도면을 컴퓨터로 작성하고 있을 때였습니다. 기아와 대우 자동차의 부도로 이어진 IMF의 위기 속에서도 인지그룹이 굳건히 살아남을 수 있었던 것은 이 같이 항상 신기술과 첨단 장비 등으로 재무장했기 때문이었습니다.

1997년 6월에는 회사의 주식을 증권거래소에 상장하여 보다 안정된 기반을 구축할 수 있었고, 이를 토대로 새로운 제품개발과 수출을 통한 성장을 모색한 결과 전체 매출액 대비 20퍼센트에 가까운 직수출을 하게 되었으며, GM, VW 등 세계 유수의 자동차 회사에도 상당히 많은 양의 부품을 수출하고 있습니다.

이렇듯 CEO는 생각이 앞서가야 조직의 발전은 물론 회사의 앞날도 기약할 수 있습니다.

성공을 부르는 **한마디**

백만장자가 된 사람들은 꿈이 있었습니다. 즉, 그들은 내일을 어떻게 만들 것인가에 대한 비전이 있었습니다. 두 번째로, 그들은 기본기에 충실한 삶을 살았습니다. 그들에게는 어떤 특별한 비결이 있었던 것이 아니라 누구나 다 알고 있는 것을 바탕으로 성실하게 꿈을 이루어나갔던 것입니다.

—배훈, 『인생에 너무 늦은 것은 없다』 중에서

지시 받기 전에 설명하라

조직의 구성원으로 일하다 보면 창업자가 아닌 이상 누구나 상사의 지시를 받는다. 그러나 내 일은 내가 제일 잘 알고 있는 만큼 상사의 지시를 기다리기보다 무엇이든 적극적이고 능동적으로 임할 때 창의적인 결과가 나올 수 있다.

직장생활을 할 때 나는 지시를 받기에 앞서 아침에 출근하면 먼저 상사에게 현재까지 진행 상황을 설명하고 해결 방안을 찾으려고 노력했다. 즉 "오늘 할 일이 이것인데 이 문제는 이렇게 풀고 저 문제는 저렇게 할 생각"이라면서 상사에게 항상 자문을 구하는 형식을 취했다.

_김주일(금성건설 대표)

기업의 목적은 이윤 창출이 첫 번째입니다. 따라서 설계를 합리적으로 변경하는 것이 회사에 이익이 된다면 지시를 받기에 앞서 이에 대한 자료 수집과 자문을 통해 연구 분석을 하고 먼저 의견을 제시하는 것이 상사의 신뢰를 받는 길이자 조직 구성원의 자세입니다.

김주일 대표에게는 서른도 안 된 젊은 나이에 중앙우체국 건물 건축에 참여할 기회가 주어졌습니다. 이때 그는 건축과 관련한 의견을 개진하고자 당시 체신부의 고위직 간부를 찾아가 의견을 타진한 적이 있습니다. 그 당시 새로 짓게 될 중앙우체국 건물은 우리나라 최초로 옥상에 헬리콥터가 앉을 수 있도록 설계한 건물이었기에 역사에 길이 남을 작품을 짓고 싶어서였습니다.

물론 상대의 입장에서 본다면 간부가 아닌 일개 직원이 찾아왔다고 기분 나빠할 수도 있습니다. 그러나 '문제가 있으면 실무자나 중견 간부를 찾아가 먼저 설명하고, 최고의 건축물을 짓기 위해 풀어야 할 일이 있다면 누구라도 만나야 한다'는 것이 그의 생각이었습니다. 새벽에 고위직 간부의 집을 방문한 것도 건축 단계 과정에서 논의가 되지 않으면 건물을 짓고 난 뒤에 문제가 될 수 있는데 담당자 선에서 조율이 잘 이루어지지 않아서였습니다.

이처럼 능동적인 자세로 잘 될 것이라는 긍정적인 마인드를 가지고 일하다 보면, 모든 일이 순조롭게 이루어지기 마련입니다. 또한 긍정적인 마음을 가지면 새로운 시각도 형성할 수 있습니다.

이럴 때는 오히려 서두를 필요도 없이, 급할수록 천천히 돌아간다는 마음으로 업무에 임할 때 창조적인 마인드가 형성될 수 있습니다.

아울러서 잊지 말아야 할 것은 현재 자신이 하고 있는 일을 긍정적으로 바라보고 있다면 일이 비록 더디게 진행되더라도 조급해 할 필요가 없다는 것입니다.

수처작주隨處作主란 말이 있습니다. 수처隨處란 조건과 상황에 따라 달라지는 환경, 삶의 현장이며, 작주作主란 인생의 주인공이 되어 주체적으로 살라는 뜻입니다. 만약에 조직의 구성원들이 가는 곳 마다 주인의식을 갖는다면 그 조직은 발전할 것이며, 머무는 곳마다 진실하다면 속해있는 조직의 사람들과 화합할 수가 있고, 어디를 가나 주인이 된다면 서 있는 곳마다 그대로가 모두 참된 것이 됩니다.

성공을 부르는 한마디

우리나라의 주인은 국민입니다. 주인이 지키지 않는 집은 허물어지고 쓰러져갑니다. 우리가 세 들어 살거나 잠시 머무는 나그네라고 생각하면 주인이 고쳐줄 때까지 기다리게 될 것입니다.

—류랑도, 『하이퍼포머 리더』 중에서

직원들에게 비전을 제시하라

나는 일을 즐긴다. 주변에서는 "어느 정도 회사의 골격도 갖추었으니 골프나 치고 인생을 즐기면서 좀 쉬라"고 권유한다. 그러나 쉰다는 것은 즐기려고 쉬는 것인데 출근해서 일하는 동안 그 시간이 즐겁다면 일을 마다하고 쉴 이유가 없다. 열심히 하다 보면 경제적 형편도 좋아지고 사회적 위치도 나아지면서 모두가 행복해지니 일이 즐겁지 않을 수 없다.

나는 모험심이 없는 경영자는 최고경영자로서 자격이 없다고 생각한다.

_정구용(인지그룹 회장)

정구용 회장은 회계에 능통해 창업 직전의 마지막 직장에서도 경리 업무를 도맡아 했었습니다. 자동차부품회사 업무부장 시절에 거래처 사람들과 교류할 때도 그가 가장 자신 있었던 것은 자금 운용 분야였습니다.

은행에서 어떤 것을 설명해도 머릿속에 금방 그려지니 대화를 나누기도 편했다고 합니다. 운용 자금을 빌릴 때도 정부에서 제공하는 각종 정책 자금들을 차입했기 때문에 금리도 유리하게 적용받았고, 일명 '꺾기'라는 적금도 적게 가입하게 되니까 강력한 경쟁력도 갖출 수 있었습니다.

그는 또한 해외 기술 도입은 어떻게 하며, 규모는 어떻게 짤 것인지에 대한 전반적인 사항들은 나름대로 경험한 것이어서 자신이 있었습니다. 반면에 기술은 익숙하지 않아 현장에서 매달려 배워야 했고, 모든 기계도 직접 작동해 보면서 공정 계산도 혼자서 깨우쳐야 했습니다.

정구용 회장은 "왜 일을 하느냐?"는 물음에 "자신과 직원들이 행복해지기 위해 일을 한다"고 당당하게 말합니다. 기업은 CEO가 미래 비전을 제시하고, 사원들은 회사가 제시한 비전 속에서 자신의 비전을 실현시켜 나아갈 때 행복을 느끼게 되는 것입니다.

진정한 경영자라면 직원들이 보람과 비전을 가지고 일할 수 있는 일터로 가꾸어 나아가는 것이 무엇보다도 중요합니다. 만일에 현재의 모습과 2, 3년 뒤의 모습이 전혀 달라질 게 없다면 회사에 남아서 열심히 미래를 개척하려고 하는 사원은 별로 없을 것입니다.

또한 살다 보면 돈의 많고 적음은 중요하지 않습니다. 돈만 많다고 해서 행복한 것도 아닙니다. 자본주의 사회에서는 열심히 일하면 돈은 저절로 벌리게 되어 있다는 것이 그의 생각입니다.

정구용 회장은 지금 사업에도 성공했고 인생을 즐길 수 있는 위치에도 올라섰습니다. 그런 그가 새로운 사업을 추진하다가 잘못되면 위기에 처할 수 있는데 환갑이 넘어서까지 사업을 벌이는 이유는 일을 즐기기 때문이라고 말합니다.

회사는 개인의 것이 아니라 함께 하는 사원들이 있기 때문이라는 것입니다. 그래서 그는 사원들의 미래를 위해 무엇을 할 것인가를 놓고 늘 고민하며 계속해서 투자하고 새로운 일거리를 만들어갔습니다.

모험을 하지 않으면 회사의 발전도 각 개인의 발전도 기대할 수 없습니다. 이런 생각을 하면 잠시도 머뭇거릴 수 없고 외롭지도 않다는 것이 일을 즐기는 그의 사업 철학입니다.

성공을 부르는 **한마디**

실행하면 즉시 즐거워지는 방법을 최소한 15개 이상 적어라. 가장 이상적인 숫자는 25개 이상이다. 계속 연습하면 100개 이상으로도 늘릴 수 있다.

—앤서니 라빈스, 『네 안에 잠든 거인을 깨워라』 중에서

권력에 의지하지 마라

나는 지역의 정치인이나 금융기관의 유력인사 등을 만나도 사업 이야기는 가급적 꺼내지 않는 편이다. 또한, 지역의 기관장으로 내려온 가까운 동창에게도 본인이 먼저 "도와줄 것이 없느냐?"고 묻기 전에는 아쉬운 부탁을 한 적이 없다. 부탁을 하면 상대방이 한두 번은 들어주겠지만 그 이상을 하면 외부로 소문이 나게 되고 그러다 보면 으레 그런 사람으로 치부될 수 있기 때문이다.

_김주일(금성건설 대표)

김주일 대표가 대전시 건설협회장을 맡고 있을 때 대구에서 건설협회장을 하던 정충구 회장이라는 분이 있었습니다. 정 회장은 김 대표를 무척 좋아해서 서울에서 볼일을 보고 대구로 가는 길에 틈만 나면 대전에 들러 함께 식사를 하곤 했습니다.

당시에는 TK라 해서 대구와 경북 인맥이 청와대를 비롯한 정계의 핵심 분야에 골고루 포진되어 상당한 위력을 발휘할 때였습니다. 정 회장은 젊은 김 대표에게 관심 어린 충고를 많이 해주었는데 그중에서도 핵심은 사업을 할 때 권력에 의지해 공사를 하지 말라는 것이었습니다. 이유는 '신세를 지다 보면 도움을 준 사람의 뒷바라지를 해야 하고, 그러다 보면 결국 별로 남는 것이 없다'는 이야기였습니다. '과거에는 정치적으로 해결되는 일도 많아 정치인의 도움이 필요했지만 이보다는 스스로 거래처를 개척해서 벌어야 많은 돈을 모을 수 있다'는 귀띔이었습니다.

김주일 대표는 실제로 정치인에게 신세를 지는 것보다 스스로 거래처를 확보하면서 내실 있게 운영하는 것이 실속이 있다는 것을 직간접 경험으로 깨우칠 수 있었습니다.

사람은 누구나 의지를 가지고 목표를 세워 일을 추진하게 됩니다. 그러나 살다 보면 모든 일이 반드시 자기 의지나 목표대로 다 이루어지는 것이 아니고, 더러는 뜻하지 않은 결과가 나오는 경우도 있습니다. 그러므로 일단 최선을 다했다면 나머지는 결과를 기다려야 합니다.

그가 30여 년 동안 기업을 운영해 오면서 진인사대천명盡人事待天命이라는 좌우명을 갖게 된 것은 현실적으로 최선을 다하고 하늘의 뜻인 결과를 기다리는 것이 중요하다고 생각했기 때문이었습니다.

금성건설은 성실, 근면, 창의력을 경영 이념으로 하고 있습니다.

이 가운데 그가 신입사원에게 강조하는 첫 번째 덕목은 성실입니다. 사람이 성실하지 못하고 적당히 넘어가려고 하면 최선의 결과에 도달할 수 없습니다.

둘째는 부지런해야 한다는 것입니다. 아침 일찍 일어나는 새가 더 많은 먹이를 물어올 수 있는 것처럼 부지런하지 않고서는 원하는 것을 절대 얻을 수 없습니다.

마지막은 창의력을 갖추어야 합니다. 고인 물은 썩게 마련이듯, 사람의 사고도 변하지 않고 제자리에 머무른다면 변화에 신속하게 대처할 수 없습니다. 특히 새로운 도약을 하려면 가장 필요한 것이 창의력입니다. 어제와 똑같은 현장에서 오늘 똑같은 작업을 할 때도 새로운 방법을 시도할 때 발전된 내일이 열릴 수 있을 것입니다.

순간순간, 날마다, 달마다, 해마다 어떤 시간이나 자기가 더 바람직하게 여기는 삶을 살 수 있는 좋은 기회로 삼아야 한다. 이것은 '내일은 새로운 날'이라는 옛말과 통한다.

—헬렌 니어링 · 스코트 니어링, 『조화로운 삶』 중에서

용기, 신념, 창의성, 상상력을 갖춰라

세계의 흐름을 읽는 공직자가 만든 정책은 민간경제 활동을 도와주지만 그렇지 못한 사람이 만든 정책은 오히려 민간경제에 짐이 될 수 있다. 기업도 소비자의 욕구를 신속하게 파악하고 대응해야 경쟁에 뒤지지 않는다.

보통 사람을 모아놓으면 人在(있을 在)가 되지만, 똑똑한 사람을 모아놓으면 人材(재목 材)가 되며, 이를 잘 관리하면 人財(재물 財)가 되나 잘못 관리하면 人災(재앙 災)가 된다는 말이 있다.

_홍재형(국회의원)

조직을 움직이는 데 필요한 인적 자원이 조직에서 가장 중요한 자산이 되고 있습니다. 급변하는 상황에 올바로 대응할 수 있는 인재는 어느 조직에서든 필요합니다.

몸으로 때우고 땀으로 만들면 무조건 팔리던 그 시절에는 인재人在로도 명맥을 유지할 수 있었습니다. 그러나 이제는 인재人材가 없이는 일류의 대열에 진입하기도 어렵고 살아남기조차 힘든 세상이 되었습니다. 인재人材란 단순히 기술이나 지식을 보유한 사람이 아닙니다. 미래 사회에서 인재는 기술, 지식과 더불어 용기, 신념, 창의성, 상상력이 있는 사람을 의미합니다.

미국 마이크로소프트사의 빌 게이츠는 "우리 회사의 최대 자산은 직원의 창의력이며, 나는 이러한 자산이 증식될 수 있도록 유념하고 있다"고 했습니다.

산업화 사회에서는 인적 물적 자원의 효율적 관리를 통해 생산성을 높이는 것이 주된 과제였다면, 정보화 사회에서는 창의력과 상상력이 부가가치의 우열을 좌우하는 핵심적 요소가 되고 있습니다.

한때 '미국 따라잡기'에 열중했던 일본이 1980년대 들어서면서 우주산업과 바이오산업을 제외한 거의 모든 분야에서 미국을 따라잡았으나 이후에는 갑자기 방향성을 잃고 말았다는 이야기가 회자膾炙된 적이 있습니다. 이는 일본사람들이 정형화된 상품을 대량생산하거나 상부에서 지시하는 것은 잘 처리하지만 상상력이나 창의력은 매우 부족함을 지적한 것입니다. 반면 미국은 치열한 경쟁 속에서 피나는 구조조정 노력과 창의력 있는 기업의 탄생 등으로 소프트 산업에서 일본을 크게 앞지르게 되었다는 것입니다.

오늘날의 경쟁은 하드웨어가 아닌 소프트웨어 부문이기에 중요한 것은 인재人材이고, 그 인재는 용기, 신념, 창의성, 상상력을 가진 사람이어야 한다는 것입니다.

인재를 양성하려면 교육도 중요하지만 인재를 중용하는 사회적 풍토가 이뤄져야 합니다. 온정주의나 정실에 얽매이지 않고 능력에 따라 인사 배치를 한다면 자연히 자기 자신의 능력을 키우려는 기풍이 생겨날 것입니다.

인재를 키우려면 무엇보다 관료주의를 타파해야 합니다. 관료주의가 만연된 풍토 아래서는 창의성 있고 전문 지식을 지닌 인재가 양성되지 못하므로 우수한 두뇌가 자유롭게 창의성을 발휘할 수 있는 환경을 만들어야 합니다. 그러기 위해서는 서로의 잘못을 헐뜯기보다는 남을 칭찬해 주는 사회적 분위기를 확산시켜 나가야 합니다.

아울러서 중요한 것은 상상력을 들 수 있습니다. 두바이의 지도자 세이크 모하메드는 영국에 유학하고 있을 때 항상 시를 읽었다고 합니다. 그는 사막에 상상력의 시를 쓰는 혁신 리더였습니다. 그러기에 그는 세계 1~100등에 드는 인재들의 머리를 경제가 아닌 감성으로 접근해서 활용할 수 있었습니다.

삼성그룹을 실질적으로 이끄는 이건희도 매년 수천 편의 영화나 드라마를 보고, 과학기술 잡지를 숙독하며 첨단 기기를 분해하는 등 상상력을 마음껏 키우는 스타일입니다.

리더들은 비전을 가질 필요가 있다고 말합니다. 자유롭게 사고할 수 있는 능력과 관계 있는 창조적 상상력이 결국은 비전만큼이나 중요한 것일 수 있습니다. 리더는 마음속으로 여러 가지 다른 조직적 결합들을 상상하고, 그 결합들이 실제로 어떻게 작용하는지를 내다볼 줄 알아야 합니다. 또한 리더는 마음속으로 사람들을 이리저리 이동시키고, 그들이 새로운 상황에 어떻게 반응할 것인지를 파악할 줄 알아야 합니다. 상상력이란 없는 것을 보는 것이 아닙니다. 있는 것을 자세히 들여다보는 것이 상상력의 시작입니다. 상식적인 것들을 한번쯤 뒤집어 생각해 보는 것이 상상력입니다.

이처럼 조직과, 조직에 소속된 조직원들이 마음껏 상상의 나래를 펼칠 수 있도록 분위기를 조성해 줄 때 조직도 무한한 발전을 하게 될 것입니다.

간절하게 원하라

자판도 보지 않고 한 손으로 휴대폰 문자메시지를 보내는 아이들을 보면 부러울 때가 있다. 그러나 한 손으로 문자메시지를 보내는 능력이 회사의 사활과 관련된 문제라면 나 역시도 그저 부러워하고 있지만은 않을 것이다. 이처럼 일상적인 일과 사활이 걸린 경제적인 일은 임하는 자세부터 달라질 수밖에 없다.

세상은 원하는 자의 것이라는 이야기가 있다. 중요한 것은, 원하되 얼마나 절실히 원하고 이를 위해 얼마나 노력하느냐에 따라 목표 달성 여부도 달라진다.

_정구용(인지그룹 회장)

한번은 정구용 회장이 병원장에게 전화를 하려고 휴대폰에 입력된 이름을 검색하자 같은 이름이 두 개가 나왔습니다. 하나는 병원장이고 다른 하나는 H은행 지점장이었는데 구분이 안 돼 한곳에 전화를 했더니 지점장이 전화를 받았습니다.

그냥 끊기도 멋적어서 안부를 묻고 이런 저런 이야기를 나누다 보니 그가 '명퇴'를 했다고 하기에 평소에 아주 예의바르고 친절했던 지점장 모습이 떠올라 "다음 주에 한번 들르세요" 했더니 정말로 그가 찾아왔습니다. 정 회장은 그 지점장을 자기 회사의 부장으로 취업시켰습니다.

그 당시 지점장은 가족 전체가 아이들의 여름방학을 이용해 미국에 나가려고 비행기 표까지 예약해 놓았다가 정구용 회장과 통화를 한 뒤 미국행을 취소했던 것이었습니다. 그에게는 취업이 그만큼 절실했기에 지나가는 말로 한번 들르라고 한 말에 미국으로 출발하지 못하고 일주일을 기다렸다가 그를 찾아갔던 것입니다.

또 다른 사례로, 모 재벌 그룹의 한 중역이 석 달 동안 고민을 해서 작성한 기안을 결재받기 위해 회장을 찾아갔습니다. 그룹 회장은 서류를 검토해 보더니 "그보다는 이 방법이 더 낫지 않겠어?"라면서 새로운 의견을 제시하는 것이었습니다. 중역이 회장의 의견을 듣는 순간 너무 훌륭한 대안이라 여겨 "저는 석 달 동안에도 생각해 내지 못한 것을 서류만 보고 정확하게 방향을 제시하는 회장님의 혜안에 감탄하지 않을 수 없습니다"라면서 놀라워하자 회장은 "그것은 절실함의 차이일세"라고 말했다는 것입니다.

어떤 일이든 사안을 절실하게 들여다보면 답이 있는데 사람들이 답을 찾지 못하는 것은 절실하게 찾지 않고 대충대충 찾기 때문입니다. 자신을 벼랑 끝에 세우고 운명에 도전하면 마음가짐이 다르고 눈빛에서부터 비장함이 넘치는 법입니다.

"신이 절벽 가까이로 부르셔서 다가갔습니다. 더 가까이 오라고 해서 더 다가갔습니다. 마침내 나는 그 절벽 아래로 떨어졌습니다. 그런데 나는 그때까지도 내가 날 수 있다는 사실을 몰랐습니다."

신용불량자에서 170억 원대 자산가로 변신에 성공한 트윈세이버 황병

일 사장이 막판 궁지에 몰린 상태에서 구상한 사업 아이템은 평범하기 이를 데 없는 베개 사업이었습니다. "사람은 누구나 편하게 자려고 베개를 벤다. 그렇다면 가장 편한 베개는 어떤 것일까?" 하는 단순한 물음에서 출발한 것이 오늘날의 트윈세이버를 만들었다는 고백이었습니다.

이처럼 뼛속 깊이 간절히 원하면 하늘도 감동해 일도 잘 성사되는 법입니다.

수분守分이 중요하다

금성건설을 처음 시작할 때 나는 서른세 살 젊은 나이였기에 올라운드플레이를 한다는 생각으로 임했다. 게다가 나는 우연한 기회에 회사를 더할 나위 없이 좋은 조건으로 인수한 터여서 하나님에게 큰 특혜를 받은 것으로 생각했다. 나는 회사를 운영하는 동안 비교적 수분(守分)을 하며 살아온 편이다. 성격적인 측면도 있지만 공사를 해도 100퍼센트의 공사 능력이 있으면 70~80퍼센트 수준에서 만족을 하며 살아왔다.

_김주일(금성건설 대표)

기업의 생명을 길게 보았을 때 30년으로 잡는 것이 보통입니다. 그러니 1941년 설립된 한국타이어가 올해로 68년째 기업을 이끌어오고 있다는 것은 대단한 일입니다.

중소기업이든 대기업이든 기업을 지속적으로 운영한다는 것은 쉬운 일이 아닙니다. 실제로 IMF를 겪으면 의욕만 앞세우고 사업을 무리하게 확장했던 많은 업체들은 부도를 맞거나 자금난 등으로 문을 닫았습니다. 30년 전 서울 시내에 있던 상위 순위 30~50대 건설회사들 중에서 지금까지 남은 회사는 대림과 삼보, 삼한 등 몇 개 정도에 불과합니다.

김주일 대표가 1973년 금성건설을 인수해 건설업계에 뛰어들었을 때도 대전 지역에는 건설업체가 50~60개가 있었으나 그때 있었던 회사 가운데 지금까지 남아 있는 것은 열 곳도 안 됩니다. 이는 그만큼 기업의 수명이 짧다는 것을 반증하는 대목입니다.

한때 국내 A산업이 영국 회사와 합작하여 공장을 신축 이전하려고 했습니다. 이 과정에서 막대한 공사비를 은행에서 차입하려고 하자 영국 회사는 "왜 은행 돈으로 공장을 지으려 하느냐?"면서 협조해 주지 않아 곤혹을 치른 적이 있다고 합니다.

IMF 전만 하더라도 사람들은 은행 돈을 빌려 사업을 하는 것을 수완 좋은 능력가로 인정했으나 지금은 그것이 그릇된 사고방식이라는 것을 기업들도 절실히 느끼고 있습니다. 한국의 기업들이 부침浮沈이 심했던 것도 이와 무관하지 않습니다.

기업 운영 과정에서 가장 중요한 것은 '자금 관리'입니다. 리스크나 리콜은 언제 올지 모르므로 여력을 남기고 어려운 상황이 왔을 때에 대비해야 합니다. 공사비만 철석같이 믿고 약속어음을 발행했다가 자금 회전에 문제가 생기면 예기치 않은 사고가 발생할 수 있습니다. 실제로 IMF 시절에 연대보증을 섰다가 어려움을 겪은 기업들이 한두 군데가 아닙니다.

요즘은 관공서에서도 공사를 발주할 때 하도급 업체와 일정한 비율로 나누어 책임과 역할을 분담하기 때문에 건설회사도 공사에 필요한 장비를 다 가지고 있을 필요가 없습니다. 그만큼 현장 관리도 분업화, 능률화

되어가고 있습니다. 따라서 현장에서 공정 관리를 할 때도 공사를 조기에 마무리하여 이윤 추구를 극대화하되 안전 관리에 우선적으로 신경을 쓰며 공사해야 합니다.

아울러 약간의 걱정과 고민은 치매 방지에도 도움이 되는 것처럼, 조금 부족하다 싶은 것이 때로는 적절한 긴장감을 조성하면서 새로운 노력을 하도록 해준다는 점에서 수분을 지키는 것도 필요하다고 봅니다.

새로운 분야에 끊임없이 도전하라

내가 입사할 당시 금성반도체는 전자교환기, 컴퓨터, 반도체의 세 가지 사업을 했다. 1983년만 해도 반도체 사업은 적자를 낼 때였고, 통신 분야는 관급 공사가 대부분이어서 상대적으로 많은 이익을 내고 있었다. 회사는 내가 통신사업 부서에서 일하기를 바랐다. 그러나 나는 내 전공 분야인 반도체를 살리고 싶었다. 신규 입사자 27명 중 20명은 통신 분야를 지원했고, 나를 포함한 나머지 7명은 반도체 분야를 지원했다. 나는 기획, 생산 관리, 조달을 담당하는 생산 관리 부서에 배치됐다.

_김원용(세미텍 대표이사)

신입사원에서 대리로 승진할 때까지 김원용 대표이사는 근무도 열심히 했지만 업무를 개선시키는 데 항상 힘썼습니다.

1988년 2월에 생산관리 팀장으로 임명을 받은 그는 1년 6개월 동안 생산관리 리더로 근무한 다음에 생산 현장에서 직접 일을 하기 위해 청주사업장으로 전근을 희망했습니다. 청주로 가기 전에 상사가 "승진시켜 보낼까, 가서 승진시킬 것인가 하는 문제로 고민하고 있다"는 얘기를 했지만 개의치 않고 청주사업장으로 옮겼습니다. 이 때문에 5개월이 늦은 1990년 9월, 2년 8개월 만에 비로소 팀장 관리자에서 정식 관리자로 승진했습니다.

청주사업장에 와서도 구미에 있을 때와 마찬가지로 생산 과장 자리를 자원했습니다. 생산을 경험하지 않고는 향후의 비전을 알기 힘들다는 생각과 함께 엘리 골드렛의 『JIT를 잡아라』라는 책을 읽고 이를 실천해 보고 싶은 마음에 남들이 외면하는 부서를 선택한 것입니다.

생산 과장으로 옮긴 뒤로 그는 소속 직원을 일일이 면담하면서 나이와 가족, 심지어는 주량酒量에 이르기까지 신상명세를 상세히 파악했습니다. 그가 조직의 인화人和에 힘쓰자 직원들도 이에 화답하면서 부서의 생산 실적도 점점 향상되었고, 1992년 봄부터는 실적이 몰라보게 좋아지더니 나중에 그가 할 일마저도 크게 줄어들었습니다. 그러자 근무 시간에 일처리를 다 마치고 정시에 퇴근하는 그에게 같은 아파트에 사는 아줌마들은 일과 시간만 끝나면 퇴근한다고 '땡칠이'라는 별명까지 붙여 주었습니다.

1992년 12월에 장비기술 부서를 신설한다는 말을 들은 그는 새 부서에서 근무하기를 자원한 후 자신이 앞으로 해야 할 일들을 한 달 전부터 미리미리 챙겼습니다. 장비기술 과장으로 옮긴 뒤에도 생산 과장 때와 마찬가지로 현장 직원들을 일일이 개별 면담하며 부서에서 추진해야 할 업무와 목표를 설정해 준 다음 성취동기를 고취시키는 데 주력했습니다. 그 결과 직원들은 장비기술 경진대회에 출전해 2년 연속 1등을 했고, 덕분에 그는 1993년 9월에 생산, 장비, 공정 기술을 총괄하는 생산 부장으로 승진했습니다.

이듬해 1994년, 사내 전 부서를 대상으로 한 상반기 실적 평가에서 그는 신출내기 부장이었지만 실행계획 부문에서 1등을 했습니다. 이것이 계기가 되어 1997년 1월에 청주에 패키지 공장이 설립되면서 그는 서른아홉 살의 젊은 나이에 공장장으로 전격 승진되는 행운을 안았습니다.

조직 운영의 기본 원칙

음악이라 하면 각자 여러 가지를 연상하겠지만 무엇보다 조화를 빼놓을 수 없다. 특히 오케스트라는 모양과 수, 음색이 다른 여러 악기들이 모여 지휘자의 인도에 따라 아름답고 웅장한 음악을 창조해 낸다. 오케스트라에는 바이올린이나 첼로 등과 같이 전체적으로 연주를 이끌어가는 악기가 있는가 하면 팀파니나 심벌즈처럼 보조 역할에 머무는 악기도 있다. 중요한 것은 훌륭한 연주를 위해서 어느 악기든 모두 필요하다는 것이다.

_홍재형(국회의원)

교향악단은 바이올린과 관현악, 심벌즈 등 여러 종류의 악기 연주자들이 각자의 자리에서 지휘자의 지휘에 맞춰 연주에 최선을 다하면서 동료 연주자와 조화를 이루어나갑니다.

조직도 마찬가지입니다. 오케스트라의 모든 악기들이 각자의 위치에서 요구되는 소리를 정확하게 충분히 낼 때 연주도 성공적으로 이뤄지듯, 구성원 한 사람 한 사람이 각자의 자리에서 최선을 다할 때 조직도 발전하는 것입니다. 나아가 눈에 잘 띄지 않는 곳에서 보조적인 역할을 담당하는 사람들도 자신의 일에 긍지를 느낄 수 있는 회사가 된다면 그

경영자는 성공한 사업가라는 칭호를 들을 수 있을 것입니다.

나라 경제도 마찬가지입니다. 경제부처가 전체적으로 화음을 맞춰 한 방향으로 가야 경제 운영이 효율적으로 되면서 선진국가로 발돋움할 수 있습니다.

홍재형 국회의원이 조직을 운영하면서 항상 고수하는 몇 가지 원칙이 있습니다.

첫째는 권한과 책임의 하부 위임을 통한 선진형의 새로운 조직문화의 정착입니다. 재정경제원 시절에는 실·국장에게 권한과 책임을 위임하고, 원내 각 실·국간에는 긴밀한 횡적 정보 교류 및 업무 협조가 되어 신중하면서도 신속하게 내부 의사가 결정되도록 했습니다. 그러자 조직 전체가 한 덩어리가 되어 최대한 정책 역량을 발휘하면서 한층 효율적인 조직으로 변했습니다.

둘째는 철저한 신상필벌 원칙입니다. 능력 있고 성실한 공무원이 우대받는 분위기를 만들어 조직 내부에서 자율과 경쟁이 샘솟고 신나는 직장을 만들어가야 합니다. 공무원 사회도 연공서열에 얽매이는 것보다는 능력과 실적에 바탕을 두고, 바람직한 경쟁을 통해 보다 좋은 행정 서비스를 제공하는 인사 관행을 정착시켜야 합니다.

셋째는 화합입니다. 특히 조직 구성원들은 각자가 조직에 필요한 존재가 되도록 노력해야 합니다. 인사이동이 있을 때면 어떤 사람은 서로 데려가려고 하지만 어떤 사람은 서로 안 데려가려고 하는 경우를 종종 보게 됩니다. 조직에서 필요한 사람이 되려면 맡은 바 일을 다하면서 주변 사람들과 함께 호흡을 해야 합니다.

　그러기 위해서는 서로 사랑하고 이해하며 용서하고 배려하는 가운데
화합을 다지는 것이 무엇보다 중요하다고 할 수 있습니다.

"남을 위해 일을 함에 있어서 충실하였던가. 친구들과 사귐에 있어 신의를 잃
지 않았던가. 충분히 알지도 못한 것을 남에게 말한 경우는 없었던가."
공자의 제자인 증자는 하루에 세 번씩 매번 세 가지 측면에서 자기반성을 하고
실천을 했다. 우리도 증자처럼 한다면 최고의 자신을 만들 수 있을 것이다. 이
는 개인뿐만 아니라 조직도 마찬가지다.

—강형기, 『논어의 자치학』 중에서

CEO, '똑부'보다 '똑게'가 낫다

경영자(CEO)에는 여러 종류의 스타일이 있다. 그런데 부지런한 경영자 밑에 있는 직원은 덩달아 일찍 출근해야 한다. 경영자는 여러 부분에서 솔선수범해야 하지만 직원이 아침 일찍 출근해서 늦게까지 근무하도록 하는 것이 반드시 잘하는 것이라고 볼 수 없다. 이는 직원들에게 피로감만 안겨줄 뿐 조직이 정상적인 시스템에 의해 움직이는 것이 아니기 때문이다. 이보다 밸런스와 전략을 구사하는 것이 더 중요하다.

_김원용(세미텍 대표이사)

김원용 대표이사는 아침에 산행을 할 때마다 회사 발전과 관련한 구상을 많이 한다고 합니다.

경영자는 무엇보다 단기적으로 갈 것이냐, 아니면 중장기적으로 갈 것이냐를 놓고 그에 걸맞은 비전을 제시하고 전략과 인재 육성, 이에 따른 시스템과 조직문화 구축, 그리고 기술 향상 등을 고민해야 합니다. 그는 요즘 밸런스 차원에서 회사의 취약한 부분을 보강하는 일에 몰두하고 있으며, 개인적으로도 밸런스 부분을 매우 중요시 여긴다고 합니다.

창의성을 계발하려면 도전 정신이 있어야 하는데 경영자가 아침 일찍 나와서 저녁 늦게까지 있다 보면 직원들의 창의성과 도전 정신을 떨어 뜨릴 우려가 있습니다. 따라서 경영자는 솔선수범과 동기부여의 균형을 어느 정도 맞추기 위해 노력해야 합니다.

흔히 '속도경영'이라고 하면 사람들은 빨리빨리 하는 것으로 오해하는데 그것은 본질을 이해하지 못해서 빚어지는 오해입니다. 속도경영의 기본은 빨리빨리 한다고 해서 되는 것이 아니라 시스템을 개선하고 조직문화를 혁신해야 되는 것입니다.

예컨대, 5퍼센트를 개선하려면 행동만 달라지면 되지만 30퍼센트를 개선하려면 시스템에 근본적인 변화를 주어야 합니다. 조금 바뀌는 것은 행동을 바꾸면 되지만, 획기적으로 바꾸려면 패러다임 자체를 바꿔야 합니다. 이틀에 생산하던 제품을 1.8일에 생산하려면 줄어드는 0.2일만큼에 대한 체질과 생각하는 방법, 시스템이 바뀌어야 가능해지는 것입니다.

얼마 전 코오롱그룹의 민경조 부회장이 네 가지 형태의 CEO 유형으로, 똑똑하지만 게으른 타입 '똑게', 똑똑하고 부지런한 타입 '똑부', 멍청하고 게으른 타입 '멍게', 멍청하지만 부지런한 타입 '멍부'를 예로 드는 것을 보았습니다. IMF 때 일곱 개 계열사 대표이사를 맡았던 민 부회장은 본부장에게 권한의 90퍼센트를 과감하게 위임한 결과 똑똑하고 게으른 '똑게' CEO가 가장 바람직하다고 결론을 내렸습니다.

권한은 주어지는 것이 아니라 책임을 느끼는 만큼 생기며 새로운 영역도 확보되는 것입니다. 선임자가 한 일에 대한 평가는 후임자가 가장 정확히 할 수 있습니다. 후임자가 근무를 하다 보면 전임자가 어떤 시스템을 어떻게 구축했고, 얼마나 일을 잘했는지에 대한 평가는 속속 드러나게 되어 있습니다.

CEO는 '똑부'보다 '똑게'가 나을 수 있습니다. 경영자가 너무 솔선수범을 강조하면 구성원들의 도전 정신과 창의력을 약화시켜 전체적으로 부정적인 방향으로 나아갈 수 있기 때문입니다.

그러나 최고경영자의 역할 중 가장 중요한 것은 사업에서 이익을 창출함과 동시에 새로운 사업을 만들어 내는 능력이라고 할 수 있습니다. 또한 기업의 목표를 달성하는 일차적인 책임이 최고경영자에 있다고 볼때, 기존 사업에서 단기적 이익을 창출하고 신사업 개척을 통한 성장 동력을 끊임없이 발굴해 내는 것이야 말로 최고경영자의 최우선적 책무입니다.

아울러 최고경영자가 변화와 혁신의 리더가 되기 위해서는 스스로 변화와 혁신을 즐기면서, 변화와 혁신에 친숙한 기업문화를 선도해 나가야 하며, 모든 조직 구성원들이 최고경영자가 추구하는 기업의 미래 비전를 전폭적으로 신뢰하면서 이를 토대로 변화에 동참할 수 있도록 리더로서의 인품과 자질을 갖추고 있어야 합니다.

따라서 최고경영자는 "누구나 세상을 변화시키려 하지만 자기 자신을 변화시키려는 사람은 아무도 없다"는 톨스토이의 금언을 되새겨보면서 스스로 혁신하고 변화하려는 노력을 게을리 하지 말아야 합니다. 그것은 리더가 자기 자신을 혁신하지 못하고는 회사를 혁신할 수 없기 때문입니다.

남의 허물을 보기 전에 내 실수를 먼저 보아야 하고 남을 질책하기 전에 내 잘못을 깨달아야 하며 남이 변화되기를 바라기 전에 내가 먼저 변화되어야 이 세상은 조금씩 변화됩니다.

고객은 왕, 환자도 왕이다

국립암센터의 역할은 암의 발생과 사망률을 줄이는 것이나 궁극적으로는 암 퇴치를 목표로 하고 있다. 따라서 국립암센터는 단순한 치료보다 기존의 여러 병원과 협력하여 국가 차원의 암 예방 및 치료관리 지침을 만드는 지휘부 역할을 하는 것이 더 중요하다. 나는 2000년 국립암센터를 개원하면서 한국의 경제력이 10위권이니 최소한 세계 10위 내에 들어가는 국립암센터를 만들겠다고 다짐했다.

_박재갑(초대 국립암센터 원장)

미국은 1960~70년대부터 이미 암센터를 만들어 노벨상을 수상한 세계 최고의 의료진들을 데려와 암 퇴치에 나섰습니다. 국내에서는 유수한 대학, 재벌 병원들이 암 환자들의 진료에 나서고 있었습니다. 그런데 갓 시작하는 국립암센터가 세계 10위권 내의 진입을 목표로 시작한다는 것은 쉬운 일이 아니었습니다.

오랜 의료 경험을 통해 세계 각국의 의료 실태를 알고 있었던 박재갑 원장은 자신의 목표를 이루기 위해 발상의 전환부터 시도합니다.

먼저 '고객은 왕'이라는 생각으로, 환자가 병원의 고객이라면 철저하게 환자 중심으로 운영돼야 한다고 생각하고 암센터를 환자 중심의 진료 시스템으로 전환했습니다. 기존의 병원이 내과, 외과, 산부인과, 소아과, 마취과처럼 '과 중심' 형태로 운영되고 있다면 암센터는 위암, 간암, 폐암, 대장암 등 열한 개 '질병 중심'의 진료 센터로 명칭부터 바꿨습니다.

다른 병원은 환자가 의사를 찾아다니며 진료와 치료를 받는 '병원 중심'의 시스템으로 운영할 때 국립암센터 의료진은 전공 분야에 따라 장기별 센터에 소속되고 회진도 함께 하면서 '환자 중심'의 진료를 하고 치료도 현장에서 의료진이 협의해서 결정하도록 했습니다.

의료계에서 과를 없앤다는 것은 여자로 치면 친정과 시집의 경계를 없애는 것과 다름없는 혁명적인 일입니다. 그런데 이러한 시스템을 도입할 수 있었던 것은 기존의 대학병원과 달리 학제라는 장애물이 없었기 때문이었습니다.

국립암센터 모든 직원의 소속은 과가 아니라 센터입니다. 간호사들도 순환근무를 하는 기존의 시스템을 탈피하고 센터별로 채용해 퇴직 때까지 센터에서 배우면서 세계 최고의 특정 암 전문 간호사로 양성됩니다.

국립암센터의 환자를 위한 시스템은 곳곳에서 엿볼 수 있습니다. 환자의 침대를 최대한 낮추어 환자들이 오르내리는데 불편이 없도록 했고, 사생활 보호를 위해 입원실이나 간호사 대기실에도 환자의 이름을 적지 않습니다. 사망률이 높은 순서에 따라 층별 배치를 달리하고 환자복에 '암'이라는 글자를 없애는 등 환자의 입장을 최대한 배려했습니다.

그는 병실을 돌아볼 때마다 의사와 간호사에게 "당신들이 웃어야지 지금 이 병동에서 웃을 사람이 누가 있겠느냐?"면서 농담 같은 진담을 하곤 합니다.

고객이 왕이듯, 병원의 중심도 환자가 되어야 합니다.

"고객이 왕"이라는 단어는 고객이 절대 권력을 가진 유일무이한 왕과 같이 우리에게 너무나 소중한 존재라는 상징적인 의미를 담고 있는 말입니다.

10년 앞과 10분 뒤를 동시에 생각하라

21세기 사회는 지식과 정보의 사회다. 이 때문에 우리는 자칫 주위로부터 스스로를 가두어, 결과적으로 서로가 소외당하는 비인간적인 사회에 빠져들 수 있다. 이럴 때 일수록 더불어 사는데 필요한 열린 마음과 겸손한 자세를 갖춰야 한다.

어머니를 따라 주일학교를 다니던 유년시절부터 내게는 구원에 대한 확신과 죄에 대한 두려움이 평상시 나의 생각과 태도를 결정짓는 데 많은 영향을 미쳐왔다.

_염홍철(前 대전광역시장)

모든 일에는 양면성兩面性이 있습니다. 그런데 사회에서 많은 마찰과 물의가 빚어지는 것은 한쪽 면만을 지나치게 강조하기 때문입니다.

염홍철 전 시장은 지금까지 살아오면서 상대방의 입장에서 생각하는 역지사지易地思之의 자세를 견지해 왔다고 말합니다. 이는 더불어 사는 지혜이자, 사물을 다양한 시각으로 보면서 유연한 사고와 균형 있는 행동을 가능케 하고, 동시에 순리와 원칙, 상식을 존중하는 방법이기도 했습니다.

다음으로 긍정적인 사고방식입니다. 일이나 사물에 대해 가능한 밝고 긍정적으로 생각하되, 길게 내다보고 꾸준히 노력하면서 항상 때를 기다리고 준비하며 살아야 합니다.

인생이라는 먼 항로를 성공적으로 항해하려면 결코 단편적인 성취에 만족해서는 안 됩니다. 정해진 목표가 있고, 이를 위해 남들보다 더 열심히 최선을 다해 노력한다면 이루지 못할 것이 없습니다. 이러한 믿음을 바탕으로 일시적 어려움과 실패에 굴하거나 조급해 하지 않으면서 이를 잘 극복해 낸다면 값지고 의미 있는 성공을 거머쥘 수 있습니다.

기회는 누구에게나 오지만 오는 기회를 효과적으로 살리기란 쉽지 않습니다. 그러나 준비하는 사람은 반드시 기회를 잡을 수 있습니다. 기회가 오지 않는다고 조급히 굴거나 서두르지 말고 작은 일에서부터 정성을 다하다 보면 꿈을 펼칠 수 있는 기회는 항상 찾아옵니다. 그 순간을 위해 늘 깨어 있으면서 준비하고 정진한다면 성공은 언제나 노력하는 자의 몫이 됩니다.

아울러 시대의 흐름과 변화를 앞장서서 맞이하고 더 나아가서는 그 변화를 주도할 수 있어야 합니다. '궁하면 통한다'는 말은 적합하지 않습니다. 궁하면 능동적으로 변해야 합니다. 앞길이 막혀 있을 때 스스로 변화하지 않고 오로지 옛것을 고집한다면 아무것도 이룰 수 없습니다.

유명한 미래학자인 피터 드러커는 우리에게 "10년 앞과 10분 뒤를 동시에 생각하라"고 했습니다. 미래에 대한 비전을 갖고 변화에 능동적으로 임하면서 한발 먼저 나아가서 준비하다 보면 기회는 반드시 찾아오게 마련입니다.

미래를 지금 준비하지 않는다면, 누구라도 결국에는 위기를 맞게 될 것이기 때문입니다. 어렵게만 느껴지는 미래예측이지만 분명한 것이 있습니다. 그것은 '이미 현재 일어난 미래'에 기회가 있고, 그곳에서 우리는 기회를 찾으며 출발할 수 있다는 점 일겁니다.

자신을 믿고 도전하기로 마음먹었다면 외부적인 요건들을 긍정적으로 해석하고 믿어야 한다. 사사건건 트집을 잡는 상사와 일을 해야 한다면 스스로를 담금질하는 기회로 삼아라. 오히려 실력을 보여줄 수 있는 기회라 여기고 더 열심히 일하라. 우리 몸은 건강이 나빠지면 신호를 보낸다. 그럴 땐 건강 관리에 더 신경을 써 더욱 튼튼한 사람이 되는 계기로 삼으면 된다.

—윤석금, 『긍정이 걸작을 만든다』 중에서

인연을 맺으면 최선을 다하라

해외에서 주재하다 보면 국내 손님이 많이 찾아온다. 고국에서 온 사람들을 외국 땅에서 만나면 처음엔 무척 반갑게 맞이한다. 그러나 영접하는 횟수가 많아지다 보면 인간인 이상 나중에는 처음의 자세가 흐트러지기도 한다. '옷깃만 스쳐도 인연'이라는데 이역만리 외국에서 만난 사람을 귀찮아하거나 대접을 소홀히 하면 그들도 무척 서운한 감정을 갖게 된다. 반면에 참고 인내하면서 이들에게 최선을 다하면 반드시 칭찬으로 되돌아온다.

_정귀래(前 농수산물유통공사 대표)

사회생활을 하다 보면 누구나 귀인貴人을 만날 수 있습니다. 성실하게 열심히 사노라면 언제든 주위에서 도와주는 분들이 생기게 마련입니다.

정귀래 전 대표는 사람과 한 번 인연을 맺으면 반드시 그의 인적 자산으로 만들기 위해 상대방에게 최선을 다합니다. 대다수 사람들은 헤어지거나 조직을 떠난 사람들은 더 이상 볼 일이 없을 것으로 생각하고 소홀히 대하는 경향이 있습니다. 그러나 세상은 절대 그렇지 않습니다. 한 번 인연을 맺었다면 그 인연을 소중히 여기고 언제나 변함없이 성의를 다해야 합니다. 언제 어디서 다시 만날지 모르기 때문입니다.

예컨대, 홍보 관계자들은 시도 때도 없이 출입하는 기자들이 귀찮게 느껴질 때가 한두 번이 아니라고 손사래를 칩니다. 그러나 기자들 중엔 각 분야에 정통하거나 장관과 막역한 사람, 사장과 친하게 지내는 사람도 있습니다. 그들에게 어떠한 도움을 어떤 식으로 받게 될지는 아무도 모르는 일입니다. 그러기에 주어진 환경에서 자기 역할에 최선을 다하면 상대방이 이를 알게 되고, 그러다 보면 귀인의 도움으로 예상치 않은 혜택을 보기도 하는 것입니다.

옛날식이긴 하지만 명절날 차례를 지내고 나면 다들 아랫목에서 텔레비전이나 보면서 편하게 앉아 있을 때에 발품을 팔며 고마운 사람들에게 세배를 다니는 사람들이 있습니다. 그들이 찾아간다고 해서 상대방이 항상 반기는 것은 아니지만 안 하는 것보다는 낫습니다. 경험상 인맥은 만드는 것도 어렵지만 그에 못지않게 더 힘든 것이 관리하는 것입니다.

사회생활을 하다 보면 처세의 중요성을 절감할 때가 많습니다. 기본적인 실력도 없는 사람이 처세만 하고 다니는 모습은 빈축의 대상이며 볼썽사납기 그지없습니다. 반면 실력은 있으나 처세를 못한다면 이 역시도 바보 취급당하기 십상입니다.

그러나 기본 실력을 갖춘 사람이 성실하게 노력하고 한 번 맺은 인연을 소중히 생각하면서 상대방에게 성심성의를 다한다면 귀인의 도움까지 받아 성공의 길도 자연스럽게 열릴 것입니다.

진인사대천명盡人事待天命의 뜻은 사람으로서 할 수 있는 최선人事을 다하고盡,천명天命을 기다린다待입니다. 이는 '어떤 일이든지 자신의 노력으로 최선을 다한 뒤에 그 성공의 여부는 하늘의 뜻에 따라 겸허하게 받아들여야 한다' 는 의미를 담고 있는 말입니다.

자신을 찾아온 사람에게 최선을 다해 극진히 대하면 상대방도 또한 귀인이 되어 언젠가는 자신을 도와주는 것이 세상 이치입니다.

상대방에게 신뢰감을 주어라

나는 무슨 일이든 한번 시작하면 확실하게 끝을 내고야 마는 기질이 있다. 누가 보면 미련하다고 할 정도로 꼬인 매듭도 차근차근 끝까지 풀어야 직성이 풀렸고, 일을 해결하기 전까지는 밤낮을 가리지 않았다. 이런 모습이 내게 일을 맡기면 반드시 해결된다는 인식을 남겨 상사들에게도 신뢰감을 주었던 것 같다. 또한 누가 부탁을 하면 쉽게 거절을 하지 못하고 이런 저런 생각을 하느라 머릿속이 복잡해지기 일쑤였다.

_정구용(인지그룹 회장)

H자동차로 출근하기 전날 사업소를 찾아갔더니 경리계의 상사 한 사람이 시급과 연장 근무, 직원 이름 등이 적힌 서류를 주면서 급여 계산하는 것을 도우라고 했습니다. 그런데 신속하게 계산하지 못하고 두 시간 이상을 쩔쩔매고 있자 귓전에서 비아냥대는 소리가 들렸습니다.

"누가 추천해서 똑똑한 줄 알았는데 형편없구먼."

정구용 회장은 상고를 졸업했지만 대학 진학 공부만 하다 보니 상업 과목을 소홀히 하여 주판을 제대로 놓을 줄 몰랐던 것입니다. 그의 첫 사회생활은 그렇게 힘들게 시작되었습니다.

그래도 그는 직장생활을 성실히 했습니다. 남보다 일찍 출근하는 것은 기본이고, 인사성 바른 행동에 시키는 일을 열심히 하고, 궂은일도 도맡아 했습니다. 그러자 인정해 주는 상사들도 차츰 늘어났습니다. 사람들에게 실망을 주지 않기 위해 성심성의를 다하자 그를 필요로 하며 찾는 사람도 많아졌고, 인간관계에 신뢰를 느낀 상사들은 서로 데려가려고 했습니다.

한번은 잘나가던 K기업 부장으로 승진하여 말레이시아 지점장으로 나가 있던 분에게서 스카우트 제의를 받았습니다. 지점장이 제시한 연봉은 당시 그가 받던 액수의 두 배가 넘었습니다. 회사도 어려웠고 매일 부족한 자금을 확보하는 일로 지쳤던 그는 제의를 흔쾌히 받아들이기로 했습니다.

그러나 회사에 돌아오자 사무실은 온통 난리였습니다. 갑자기 회사에 노조가 결성되었던 것입니다. 대책을 마련하려고 이럭저럭 논의를 하다 보니 그는 어느새 노조 문제를 수습해야 하는 책임자 입장이 되어 있었습니다.

당시에는 노조가 단체행동을 하면 경찰에 연행되던 시절이었습니다. 섬유회사 노조는 결속력이 대단했고, YH무역, 서울통상, 동양나일론 같은 회사들은 그중에서도 강성에 속했는데 이들의 노동법이나 근로기준법에 대한 지식은 회사의 담당자보다 한 수 위였다고 합니다. 몇 차례 연행과 풀려나기를 반복하는 동안 단련된 그들은 무엇에도 두려운 빛이 없었고, 노조원들은 관련 법규를 너무나 잘 꿰뚫고 있었습니다.

그는 이들과의 논쟁에서 밀리지 않기 위해 노동조합법과 근로기준법을 열심히 익혔는데 이때 협상 과정에서 사측에게 깊은 신뢰를 안겨주게 되었고, 개인적으로도 이것이 계기가 되어 노조 문제에 대해서는 누구와도 깊은 대화를 나눌 수 있을 정도로 식견識見을 갖추는 계기가 되었습니다.

나는 명함보다는 심장을 건네는 사람이기를 꿈꾼다. 많은 사람을 만나는 것도 중요하겠지만 그보다는 한 사람 한 사람에게 최선을 다하는 것이 더 중요하다.

—김민우, 『나는 희망을 세일즈한다』 중에서

 고객과의 약속을 지켜라

세상에서 무엇보다 소중한 것은 만남이며, 그중에서도 가장 중요한 것은 신의와 약속의 이행이다. 사업을 하면서 많은 것을 배우고 느꼈지만 기업과 기업, 개인과 개인 사이에 지켜야 할 원칙은 신의와 약속을 이행하는 것이다. 나는 한 번 거래한 회사는 단 한 곳도 소홀히 하지 않았고, 약속을 하면 실수로 한 약속도 지킨다는 생각과 내가 한 말은 반드시 책임진다는 자세로 초지일관해 왔다.

_정봉규(지엔텍홀딩스 회장)

지엔텍홀딩스 그룹이 오늘날 이만큼 성장할 수 있었던 원동력은 상호 신뢰라는 명분을 철저히 지켰기 때문인데 이는 사업을 하면서 정봉규 회장이 늘 강조하는 원칙입니다.

기업의 성공 전략은 고객과의 신의와 믿음이며 그는 이러한 약속을 실천하면서 지속적으로 성장해 왔습니다. 기업이 기업의 가치를 높이고 도약하는 비결은 인재 양성과 새로운 기술을 개발하는 일입니다. 그러나 이보다 더욱 중요한 것은 고객에게 기업에 대한 한결같은 신뢰와 믿음을 심어주는 일입니다.

21세기를 살아가는 기업의 미래에 밝은 청사진을 제시하는 것은 독자

적이고 우수한 기술을 개발하는 일입니다. 이를 위해 그는 다음과 같은 다섯 가지 신념을 지키고 있습니다.

첫째, '지킬 수 있는 목표를 설정하라' 입니다. 목표는 실행이 가능해야 열매를 맺을 수 있습니다.

둘째, '인재는 멀리 있지 않다'입니다. 주위를 둘러보면 원석 같은 인재는 얼마든지 있습니다. 그러나 아무리 좋은 원석도 잘 다듬어야 아름다운 보석이 됩니다.

셋째, '관리자를 철저히 검증하라'입니다. 뛰어난 관리자는 혼자서 1만 명을 책임질 수 있습니다. 따라서 관리자를 통해 기업의 발전을 꾀하는 것이 CEO의 역할이자 덕목이기도 합니다.

넷째, '글로벌 스탠더드를 두려워하지 마라' 입니다. 기업의 경영자가 목표를 정하고 이를 달성해 나간다면 그것은 바로 국가 발전의 원동력이 됩니다.

다섯째, '소비자를 부자로 만들어라' 입니다. 소비자가 없는 기업은 존재할 이유가 없습니다. 기업은 소비자를 위해 존재하기 때문입니다.

지엔텍홀딩스 그룹의 경영 이념은 크게 세 가지입니다.

첫째는 '환경 보국' 입니다. 21세기 테마로 부각된 환경 경영은 국가 문제가 아닌 범세계적인 화두로 대두되고 있습니다.

둘째는 '품질 제일주의' 입니다. 지엔텍홀딩스 그룹은 최고가 아니면 추구하지 않습니다. 따라서 개발, 설계, 생산 등 기술 인력을 정예화하여 최고의 제품만을 만들고 있습니다.

셋째는 '미래 창조'입니다. 21세기 세계 최고의 기업이 되려면 끊임없는 연구 개발과 우수한 인재 등용을 통해 새로운 미래의 주역으로 거듭나야 합니다.

신용보다 소중한 재산은 없다

우유배달을 한 지 3년째 되던 해 겨울이었다. 하루는 차량이 다닐 수 없을 정도로 지역에 폭설이 쏟아졌다. 그런 상황에서 20킬로미터나 떨어진 초등학교에 우유 250개를 배달하겠다고 나선다는 것은 위험하고 무모하기 짝이 없는 일이었다. 그러나 우유를 기다리고 있을 초롱초롱한 학생들의 눈망울을 떠올리니 포기할 수 없었다. 일단 면소재지까지는 차로 간 다음 나머지 학교까지 비탈길 구간은 트랙터를 이용해서 세 시간 만에 배달을 모두 마칠 수 있었다.

_오수철(비락우유 증평대리점 대표)

우유를 납품하면서 오수철 대표는 지금까지 단 하루도 납품 날짜를 어겨본 일이 없습니다. 새벽 다섯 시 반에 시작한 배달은 낮 열두 시쯤 모두 끝나는데 이렇게 하루하루를 지내다 보니 오전 열 시나 되어야 아침 식사를 하고, 그나마 빵과 우유로 끼니를 때우는 일도 허다합니다.

신용과 직결된 배달 시간과 납품 기일을 철저히 지키다 보면 금전적인 피해를 보거나 생명의 위험을 무릅쓰면서 배달하는 경우도 몇 차례 있기 마련입니다.

한번은 명절을 앞두고 발송하는 사람의 실수로 우유 1,000개가 대리점에 부족하게 도착했습니다. 시간상으로 볼 때 본사에서 다시 보내준다고 해도 이미 배달 시간을 맞출 수 없었습니다. 거래처와의 신용이 무엇보다 중요하다고 판단한 그는 시중에서 소비자 가격으로 비락우유를 구입해서 제 시간 내에 배달을 모두 마쳤습니다. 그 바람에 수십만 원의 손해는 보았지만 당시에는 돈이 문제가 아니라고 생각했습니다. 이후에도 불가피하게 배달이 다소 늦은 적은 있지만 납품 기일을 어긴 적은 한 번도 없었습니다.

그의 철저한 배달 자세를 신뢰하게 된 학교 관계자들은 다른 지역으로 전근을 가도 그곳에서 주문을 계속해 왔습니다. 그 역시 그분들의 성의에 보답하고자 배달이 가능한 지역이면 먼 거리도 마다하지 않았고, 이윤이 많이 남지 않아도 열과 성의를 다하여 배달을 해주었습니다.

그런데 이번에는 청주로 전근 간 급식 관계자들이 "청주까지 배달해 줄 수 없느냐?"는 요청을 해왔습니다. 수량을 따져보니 계약을 하고 다른 대리점 업자에게 넘겨주기만 해도 수익을 올릴 수 있는 분량이었습니다. 실제로 학교에 들어갈 수 있게 계약만 해주면 어느 정도의 커미션을 주겠다는 지역 대리점 업자도 있었습니다.

그러나 오수철 대표는 이를 정중하게 거절했습니다. 제의를 받아들이지 않은 것은 그가 직접 배달을 할 수 없었고, 혹 다른 사람에게 거래처를 연결시켰다가 배달에 차질이라도 생기면 지금까지 그분들이 자신에게 가졌던 좋은 이미지가 훼손되고 신용도 무너질 수 있다는 생각 때문이었습니다.

이렇듯 철저한 배달은 신용으로 이어져 배달 구역이 확대되고 물량도 점차 늘어나면서 처음에는 한 대밖에 없던 우유배달 차량도 다섯 대로 늘어났습니다.

이는 금전적 손해를 보면서도 신용을 무엇보다도 소중히 한 결과의 덕분이었습니다.

글로벌 마인드를 가져라

텔레비전 드라마 〈불멸의 이순신〉에서 이순신 장군이 열세 척의 배를 가지고 열 배가 넘는 적과 싸워 이긴 명량해전을 보며 당시에 전율에 가까운 감동을 느낀 적이 있었다. 불가능을 가능케 한 일이었지만 가만히 분석해 보면 이것은 기적이 아니었다. 이순신 장군은 모두가 패배감에 휩싸여 좌절하고 있을 때 '신(臣)에게는 아직도 열세 척의 배가 있다'면서 임금에게 희망의 메시지를 던졌다. 희망을 복원한 그는 머뭇거리지 않고 전세를 정확히 읽은 뒤에 싸움을 위한 전략을 하나하나 실천해 나갔다.

_정귀래(前 농수산물유통공사 대표)

이순신 장군은 먼저 군량미를 확보하고, 함대를 재편성하고, 전세를 치밀하게 연구 분석하면서 상황을 유리하게 만들어갔습니다. 정면으로 부딪쳐서는 승산이 없다는 판단을 하자 좁은 수로로 유인하는 전략을 세웠습니다. 그리고 죽기를 다해 싸운 결과 23전 23승이라는 놀랄 만한 신화를 창조했습니다.

충무공의 이러한 메시지는 400여 년이 지난 지금도 여전히 유효합니다. 긍정적 사고와 정확한 상황 판단, 유리한 여건을 조성하면서 최선의 노력을 다할 때 작게는 개인의 운명이 바뀌고, 크게는 나라의 미래도 바뀌는 법입니다.

FTA, DDA 등 수출 개방을 요구하는 미국, 호주 그리고 캐나다 등 세계 농산물 대국 앞에서 우리의 한국 농업은 열세 척의 배만 남겨둔 충무공의 함대와 다를 바 없습니다. 할 수 있다는 자신감으로 무장하고, 세계시장에 맞설 수 있는 경쟁력 있는 상품을 발굴한 뒤 치밀한 마케팅과 꾸준한 노력으로 승부를 건다면 우리도 농업강국이 될 수 있습니다.

WTO의 출범으로 시작된 농산물 시장 개방은 한국 농업에 위협 요인으로 작용하지만 긍정적으로 생각하면 우수한 우리 농산물을 팔 기회도 열리는 것입니다. 우리에게는 세계 최대 농산물 수입국인 일본과, 고소득층 상위 5퍼센트만 계산해도 6,500만 명이 넘는 중국시장이 바로 지척에 있습니다. 김치와 인삼, 2001년부터 꾸준히 일본시장 점유율 1위를 지켜 온 파프리카 등은 해외시장에서 가장 인기 있는 한국 농산품들입니다. 일본에서 인기 있는 송이버섯, 밤, 백합, 장미 외에 미국에서 호평 받는 배와 장류들도 있습니다.

이제는 우리도 중화권 및 동남아 지역을 상대로 김치, 인삼, 채소, 화훼, 과실, 가금육, 버섯류 등 농가 소득과 직결되는 품목을 일본에 버금가는 주력 수출 시장으로 집중 육성해야 합니다. 한류韓流를 활용하여 각종 이벤트 행사를 개최하면 한국식 문화 소비의 저변 확대도 꾀할 수 있습니다.

글로벌 마케팅을 표방하는 한국에게 지금 필요한 핵심 역량은 세계시장의 흐름을 꿰뚫어볼 수 있는 통상 전문 지식과 노하우입니다. 우리도 주변 상황을 활용한다면 네덜란드와 이스라엘처럼 농업 선진국이 될 수 있습니다. 이제는 세계를 우리 농산물의 유통 판매 시장으로 바라보는 글로벌 마인드를 가져야 할 때입니다.

글로벌 시대에 글로벌 마인드를 갖기 위해서는 무엇보다도 편향된 시각에서부터 벗어나 균형 잡힌 사고방식을 갖추는 것이 가장 시급하다고 하겠습니다.

효도하라, 성실하라,
그리고 검소하게 살아라

지금까지 나는 효도와 성실, 그리고 검소라는 세 가지 원칙과 열정으로 살아왔다. 이 가운데 첫 번째가 효도다. 우리 집안의 남다른 내력도 있지만 나는 효를 가장 중요시한다. 사람들은 부모를 공경하고 따르며 편안히 모시는 것을 효라고 말한다. 그러나 효에는 이보다 훨씬 깊은 철학이 담겨 있다. 효도를 하는 사람은 자신의 존재에 강한 긍정과 믿음을 갖고 있다. 현대인의 모든 병은 자기 소외와 자기 부정으로부터 온다.

_권영우(세명대학교 설립자)

사람들은 효가 고독이라는 무서운 병을 근치根治하는 치료제임을 잘 모르고 있습니다.

최근 서구의 철학자들은 효의 중요성을 절감하고 있습니다. 그러나 물줄기가 이미 크게 꼬인 상태에서 효 문화를 재정립하기는 힘들기에 이들은 한국의 효 문화를 부러운 시선으로 바라보고만 있습니다.

효는 자기 긍정 외에 휴머니즘의 실현이기도 합니다. 부모를 사랑하지 않고 이 세상의 누구를 사랑하겠습니까? 그는 가치관의 혼돈으로 고뇌에 빠진 젊은이들에게 우선 효부터 실천해 보라고 주장합니다.

효는 매우 강한 카타르시스를 동반합니다. 정보와 돈을 다루다 보면 인간은 메말라갈 수밖에 없는데 촉촉한 감정의 세계를 떠난 인간은 행복한 삶을 누릴 수 없습니다. 그래서 카타르시스는 더욱 필요합니다. 부모가 살아계실 때는 효를 통해 할 수 있고, 돌아가셨을 때는 제사를 통해 할 수 있습니다.

첫째가 '효도'라면 둘째는 '성실'입니다. 세상에서 가장 경쟁력이 있는 사람은 성실한 사람입니다. 현재의 형편이 어려운 사람일수록 성실이라는 덕목을 권합니다.

인생은 행복할 때보다 불행할 때가 더 많습니다. 이때 인생을 저어가는 노는 바로 성실입니다. 인간의 불완전한 운명은 오로지 성실에 의해 극복되며, 극복되지 않더라도 성실한 사람은 최소한 자기 임무는 완수하게 됩니다.

성실한 사람은 아무리 상황이 악화되어도 결코 낙담하지 않습니다. 오늘보다 나은 내일을 위해 묵묵히 인생의 노를 저어가며, 삶의 깊이와 숭고한 의무를 확인하는 구도자는 바로 성실한 사람들이기 때문입니다.

셋째는 '검소'입니다. 그는 검소했기에 재산을 모았고, 모은 재산을 사회에 환원할 수 있었다고 말합니다.

졸부猝富는 검소함이 없고 부富도 자기의 허영을 위해서만 씁니다. 검소는 단순히 재물을 아끼는 것이 아니라 인간과 재물의 관계를 바람직하게 정립하는 철학적 행위입니다. 인간은 재물을 필요로 하지만 지나친 재물에 둘러싸이면 인간성을 잃게 됩니다. 행복과 불행을 결정짓는 것은 돈의 많고 적음이 아닙니다.

그는 특히 돈을 벌고자 하는 젊은이들에게 "검소해라! 검소해라! 절대 검소해라!"라고 조언하며, 돈을 버는 길은 검소밖에 없다고 단언합니다. 세상이 바뀌어 지금은 아이디어 하나로 많은 돈을 번다고 하지만 동서고금을 통해 가장 중요한 돈의 철학은 역시 검소입니다. 만약 검소가 아닌 방법으로 돈을 벌었다면, 아마도 그는 지금 돈에 치여 결코 행복하지 못했을 것이라고 말합니다.

가정은 국가 경쟁력의 원천

인간을 뜻하는 라틴어 '호모(Homo)'는 가정을 뜻하는 '홈(Home)'에서 파생되었으니 이는 인간이 가정에서 시작됐다는 것을 의미한다. 가정은 인생의 출발점이자 최종 목적지다. 가정에서 태어나 가정을 위해 살다 가정의 품 안에 안기는 것이 우리네 삶인 것이다. 세상에서 가정보다 더 중요하고 소중한 것은 없다. 그런데 물질만능주의와 개인주의가 확산되고 가치관이 심하게 변화되면서 소중한 우리의 가정이 위기를 맞고 있다.

_염홍철(前 대전광역시장)

가정은 우리 사회의 건강을 가늠하는 척도입니다. 가정이 건강하면 사회가 건강하지만, 가정이 병들면 사회도 병이 듭니다. 우리가 소망하는 밝고 건강한 사회, 살맛나는 사회는 가정이 건강하고 행복할 때 이루어질 수 있습니다.

그렇다면 건강하고 행복한 가정은 어떤 것일까요?

첫째, 사랑이 넘치는 가정입니다. 물질적으로는 풍요롭지 못해도 사랑이 넘치는 가정에는 웃음이 떠나지 않고 가족 간의 유대 또한 끈끈합니다. 가정을 묶어주는 끈은 제도나 법률이 아닌 사랑입니다.

둘째, 안식을 주는 가정입니다. 가족 구성원들은 아침에 집을 나와 직장이나 학교에서 많은 시간을 보내다 저녁이 되면 피곤한 몸을 이끌고 가정으로 돌아갑니다. 편안한 휴식과 내일을 위한 재충전이 가능한 가정은 이 세상 어느 곳과도 바꿀 수 없는 지상의 천국입니다.

셋째, 대화가 끊이지 않는 가족입니다. 가족 간의 불화는 대화가 부족하기 때문에 생깁니다. 대화는 오해와 불신을 몰아내며 이해와 사랑을 증가시킵니다. 대화가 이어지는 가정에는 문제아도 문제 부모도 자리 잡을 공간이 없습니다.

넷째, 서로 이해하는 가정입니다. 영어로 이해理解는 'Understanding'으로 이를 직역해 보면 '아래에 선다'는 의미를 담고 있습니다. 상대방의 아래에 기꺼이 설 수 있는 것이 바로 이해입니다. 역지사지易地思之의 자세로 서로를 이해할 때 가정은 보다 행복해집니다.

러시아 격언에 '사랑하는 아들이 배를 타고 나가면 하루에 한 번씩 기도하고, 전쟁터에 나가면 하루에 두 번씩 기도하며, 가정을 꾸리면 하루에 세 번씩 기도하라'는 말이 있습니다. 행복하고 건강한 가정을 꾸리는 일이 얼마나 어렵고, 또 중요한지를 잘 나타내주는 격언이 아닐 수 없습니다.

성공을 바라는 많은 사람들은 오로지 돈을 버는 데 삶의 초점을 맞추고 있습니다. 그러나 인생의 참된 성공과 행복은 결코 돈으로 살 수 없습니다.

염홍철 전 시장은 개인과 사회, 국가경쟁력의 원천이 가정에 있다고 말합니다. 사랑하는 가정, 화목한 가정이야말로 삶의 참된 성공과 행복을 가져다주는 힘입니다.

부부가 서로 존중하고, 부모와 자식이 서로 사랑하며 아껴주는 가정이야말로 개인과 사회, 나라 전체에 성공과 발전을 가져다주는 원자재에 비유할 수 있을 것입니다.

가정 구성원 간에 충만한 사랑과 관심이 다시 이웃 사랑으로 발전해 나갈 때 우리 사회도 더불어 잘사는 밝고 건강한 사회가 될 수 있습니다.

밖에서 존경을 받는 사람이라 할지라도 가족으로부터 존경을 받는 사람은 드물다. 밖에서 인정을 받는 사람이라 할지라도 자기 아내로부터 인정을 받는 남편은 드물다. 서로 모르는 사람들끼리 만나 아이를 낳고, 한 점의 거짓도 없이 서로서로의 약속을 신성하게 받아들이고, 서로 사랑하고 아끼면서 살다가 감사하는 생활 속에서 생을 마감할 수 있는 가족이라면, 그들은 이미 가족이 아니라 하나의 성인(聖人)인 것이다.

—최인호, 『산중일기』 중에서

아침 시간을 활용하라

내가 섬유회사를 그만둔 결정적 요인은 사장이 늦게 출근하는 것이 싫어서였다. 대표이사가 10시에 나오면 직원들은 그 시간까지 발이 묶이고, 뒤늦게 업무를 보러 나가면 거래처 사람을 만날 수 없는 상황이 벌어지게 된다. 그래서 사장에게 "조금 일찍 출근하셔서 일반 사원이 나오기 전에 회의를 끝내면 보다 활발한 업무를 수행할 수 있을 것"이라고 몇 차례 건의를 드렸다. 그러나 그는 평소의 습관을 바꾸지 않았고 결국 나는 회사를 떠나기로 마음을 먹었다.

_정구용(인지그룹 회장)

조직이 활기차게 돌아가려면 대표는 평사원이 출근하기 전에 아침 일찍 나와 간부회의를 마치고 필요한 지시를 하는 등 제반 조치를 해야 합니다.

인지그룹은 열세 개 계열사로 이뤄져 있습니다. 그룹의 대표인 정구용 회장은 일찍 출근해서 평사원과 같이 일을 하면 그들의 사기가 높아지고 능률도 오르면서 분위기도 날마다 새로워지는 것을 피부로 느낄 수 있었다고 합니다.

그는 세라트론과 인지디스플레이, 인지AMT를 인수할 때에도 고객사가 나오지 않은 시각에 출근해 많은 개선 활동을 하고 새로운 업무들을 진행시켰습니다. 새벽에 사원들과 함께 개선 활동을 하다 보면 이들의 어려움도 자연스럽게 이해하게 되고 개선 효과도 배가 되어 나타났습니다.

충남 예산에 공장을 설립할 때도 매주 목요일 아침 여섯 시에 집을 나와 일곱 시 반쯤 현장에 도착해 공사 진행 현황과 애로 사항을 직접 듣고 그 자리에서 의사를 결정해 주었습니다. 이러한 모습을 보고 건설회사 사장과 고객사의 책임자들은 놀라면서도 믿음직스러워하는 표정이 역력했습니다.

어느 시대 어느 곳에서나 조직과 국가의 리더는 아침 시간을 소중히 여겼습니다. 일본인이 가장 좋아하는 역사적 인물 1위로 일본의 천하 통일 기틀을 마련했던 오다 노부나가도 새벽 네 시쯤 일어나 가장 빠른 말을 타고 달리는 것이 일상의 시작이었다고 합니다. 그는 항상 똑같은 곳까지 갔다가 돌아왔는데, 왕복 16킬로미터를 말을 타고 달리면서 가는 길에 전략을 짜고, 돌아오는 길에 결단을 내렸다고 합니다. 시중을 들던 사람은 더 이른 새벽 세 시쯤 일어나 말이 달릴 수 있도록 준비했고, 노부나가가 신을 신발을 자기 품속에 넣어서 따뜻하게 데워 내놓곤 했습니다. 이러한 정성이 노부나가의 인정을 받아 승승장구했는데, 그가 바로 일본을 천하 통일했던 도요토미 히데요시입니다.

요즘 '아침형 인간'이 부쩍 늘고 있습니다. 아침을 보면 그 사람의 미래가 보인다는 말도 있습니다. 그만큼 아침을 잘 활용하는 사람이 하루를 지배할 수 있고, 하루를 지배하는 사람이 인생을 지배할 수 있습니다.

아침에 일찍 일어나면 첫째는 건강해지고, 둘째는 부유해지며, 셋째는 현명해집니다. 일찍 출근하면 복잡한 출근 시간을 피할 수 있어서 시간을 효율적으로 활용할 수 있고, 아침 시간에는 정신이 맑은 데다 전화도 걸려오지 않아 일에 몰두하거나 사색하기에도 좋습니다.

성공을 부르는 한마디

하루의 성패는 오전에 결정된다. 오후보다 오전의 사고력이 더 뛰어나다. 오후에는 마음이 느슨해진다.

—노무라 마사키, 『내 하루의 도둑맞은 58분』 중에서

인생의 가장 큰 낭비는 시간 낭비다

바쁘게 지내다 어느 날 문득 뒤를 돌아보면 세월이 빠르다는 것을 실감하게 된다. 세월부대인(歲月不待人), 즉 세월은 사람을 기다리지 않는다는 문구를 통해 시간의 소중함도 새삼 깨닫곤 한다. 나는 이 순간에도 시간을 제일 중요하게 생각한다. 시간은 천만금을 주어도 살 수 없기에 인생에서 가장 큰 낭비는 바로 시간 낭비다. 시간은 누구에게나 공평하게 주어지지만 흘러가 버린 물로 물레방아를 돌릴 수 없듯, 시간도 쉬지 않고 흘러가기에 저축했다가 쓸 수도 없다.

_홍재형(국회의원)

소년이로학난성 少年易老學難成이요, 일촌광음불가경 一寸光陰不可輕이라.

송나라의 대유학자로 성리학을 집대성한 주자 朱子의 『주문공문집 朱文公文集』「권학문 勸學文」에 나오는 시의 한 구절입니다. '소년은 늙기 쉬우나 학문은 이루기 어려우니 촌음도 헛되이 보내지 말라'는 뜻으로 '배움에도 때가 있으니 젊은 시절에 부지런히 공부하라'는 메시지를 담고 있습니다.

나이가 들면서 육신 肉身의 기능이 조금씩 쇠퇴하고 정신적 의욕이 떨어지는 것은 생물학적으로 볼 때 지극히 당연한 현상입니다. 그러나 무슨 일이든 늦었다고 생각될 때가 바로 시작할 때라는 말처럼 지나간 날보다 미래를 바라보며 현재에 최선을 다해야 합니다.

생명이 끊어진다는 것은 시간이 끊어진다는 것을 의미합니다. 시간은 누구에게나 공평하게 주어진 인생의 자본이며, 이 자본을 어떻게 잘 활용하느냐에 따라 각자의 인생도 판가름이 납니다. 하루를 열심히 살면 그 하루하루들이 모여서 보람 있는 평생으로 이어집니다.

언젠가 『1초를 잡아라』라는 책을 의미 있게 읽은 적이 있습니다. 촌음寸陰이라는 아날로그적 발상을 현대에 맞게 디지털화하여 집필한 책인데 시간의 중요성과 시간 활용의 구체적 방향을 담고 있었던 것으로 기억됩니다.

시간을 알차게 활용하는 것은 밀도密度의 문제입니다. 그러나 일할 때는 알차게 일하더라도 너무 각박하게 살아 생활의 여유를 잃어버려서는 안 됩니다.

새로운 마음가짐으로 하루하루를 맞는 기쁨이야 말로 나이와 무관하게 마음의 청춘을 지키는 가장 중요한 요소입니다.

나이를 먹는다고 해서 우리가 늙는 것이 아니다.

이상을 잃어버릴 때 비로소 늙는 것이다.

세월은 우리의 주름살을 늘게 하지만

열정을 가진 마음을 시들게 하지는 못한다.

새뮤얼 울만이 쓴 「청춘」이라는 이 시는 그런 의미에서 곱씹어 볼 만합니다.

만약 누군가가 당신의 은행 계좌에서 돈을 빼간다면 엄청나게 화를 낼 것입니다. 그런데 누군가가 자신의 삶에 들어와 시나브로 시간을 도둑질해 가고 있는데도 눈 하나 깜짝 하지 않거나 이를 눈치조차 채지 못하는 사람들도 너무나 많습니다. 우리의 짧은 인생은 이처럼 시간의 낭비에 의해서 더욱 짧아지고 있다는 것을 기억할 필요가 있습니다.

건강에 투자하라

유전병을 제외한 대부분의 성인병과 암 유전자는 자극을 받았을 때 촉발(觸發)을 한다. 의료계에서는 이를 '방아쇠 이론'으로 설명하는데 총을 가지고 있어도 방아쇠를 당기지 않으면 사고가 나지 않는 것과 같은 이치다. 병을 촉발하는 것은 스스로 만든 나쁜 습관과 나쁜 환경의 부산물들이 질병의 방아쇠를 당기는 것이다. 취약한 유전인자를 갖고 태어났어도 절제된 생활을 계속하면 건강 상태가 좋아지듯이 건강도 재테크의 개념처럼 꾸준히 투자해야 한다.

_박재갑(초대 국립암센터 원장)

'쾌락, 지혜, 학문, 아름다움도 건강 없이는 그 빛을 잃고 만다'는 프랑스의 사상가 몽테뉴의 말대로 세상에 건강보다 중요한 것은 없습니다. '머리는 빌려도 건강은 빌릴 수 없다'는 어느 정치인의 말처럼 돈을 주고도 살 수 없는 것이 건강입니다.

혹자는 건강하게 오래오래 사는 것도 타고난 팔자라고 합니다. 물론 부모로부터 물려받은 유전자가 있기에 타고난 체질을 아예 무시하지는 못합니다. 그러나 건강에는 원칙만 있을 뿐 변칙이나 예외는 있을 수 없습니다.

이제는 건강도 건강할 때 지켜야 합니다. 따라서 건강도 재테크의 개념처럼 담배를 끊고 뱃살이 나오지 않도록 운동을 하면서 정기적으로 건강검진을 받는 일을 서둘러야 할 때입니다.

건강을 위해 가장 먼저 해야 할 첫 번째 투자는 담배를 끊는 일입니다. 국립암센터 초대 원장을 지내는 동안 그의 임무는 암 발생과 사망률을 낮추는 것이었고, 이 일의 가장 핵심은 모든 국민이 담배를 끊도록 하는 일이었습니다.

암은 1983년 이후 우리나라에서 단 한 번도 사망률 1위를 다른 질병에 내준 적이 없습니다. 지금 이 순간에도 수많은 사람들이 이로 인해 고통을 받고 있고 매년 6만 5,000여 명이 암으로 죽어가고 있습니다.

1995년 삼풍백화점 붕괴 사고로 502명이 목숨을 잃은 것과 비교한다면 암으로 인한 사망자 수는 삼풍백화점 붕괴 사고와 같은 참사가 연간 120회 이상 발생하는 것과 같습니다. 전 국민이 담배의 해악을 깨닫고 담배를 모두 끊는다면 암 사망자의 30퍼센트는 살릴 수 있습니다.

두 번째는 뱃살이 나오지 않도록 꾸준히 운동을 하는 일입니다. 식생활 습관이 서구화되면서 나타난 현상이 바로 비만입니다. 중년의 뱃살은 시한폭탄과 마찬가지여서 만병의 근원이 됩니다. 특히 성인병을 일으키는 고지방식은 유방암과 대장암, 전립선암 등 암 발생과도 관련이 있습니다.

셋째는 정기적으로 건강검진을 받는 일입니다. 자동차 검사는 정기적으로 받는 사람들이 이보다 더 중요한 자신의 몸을 정기검진하지 않는다는 것은 말이 안 됩니다.

　대부분의 암은 정기검진을 통해 조기에 발견하면 완치가 가능합니다. 위암은 간단한 점막 제거로, 자궁경부암은 자궁 입구의 일부 조직을 제거하면 퇴치되며, 대장암도 암의 전 단계인 용종_{폴립}을 제거하면 80~90 퍼센트 이상은 예방할 수 있습니다.

인내와 끈기를 가르쳐주는 마라톤

사람들은 젊은 사람이 부럽지 않을 정도로 건강한 내게 "특별한 비결이라도 있느냐?"고 묻는다. 그때마다 "무엇이든 가리지 않고 잘 먹는 식성과 아침 달리기가 건강한 체력을 유지하는 비결"이라고 소개한다. 내가 달리기를 본격적으로 시작한 것은 2002년 대전광역시장에 취임하고부터다. 나는 지인들 사이에 마라톤 마니아로 불릴 정도로 마라톤에 강한 애착을 갖고 있다.

_염홍철(前 대전광역시장)

하루의 일과를 즐겁게 시작하려면 무엇보다 몸과 마음이 건강해야 합니다.

염홍철 전 시장의 하루 일과는 새벽 네 시 반에 시작됩니다. 조간신문을 보며 그날 해야 할 일들을 정리하고, '명상의 시간'을 마치면 운동장으로 나가 시민들과 어울려 달리기를 시작합니다. 처음에는 집 근처 헬스클럽을 이용했는데 상쾌한 새벽 공기를 가르며 트랙을 도는 달리기의 진정한 묘미를 맛보고 난 후부터는 매일같이 운동장으로 나갑니다.

비가 오거나 영하 10도까지 떨어지는 한겨울에도 그는 아랑곳 하지 않고 매일 45분간 운동장을 돕니다. 그렇게 달리다 보면 어느새 몸은 흐르는 땀으로 뒤범벅됩니다. 그는 달리기의 매력으로, 더우면 더운 대로 추우면 추운 대로 특유의 상쾌함을 느낄 수 있고 보람과 행복감을 만끽할 수 있다며, 산 정상에 올랐을 때의 기분이 이와 비슷하다고 말합니다.

처음에 그는 달리는 거리를 4킬로미터로 시작했지만 지금은 10킬로미터로 늘렸습니다. 지인들이 무리하지 말라고 조언하지만 오히려 거리를 늘리면서 다리 힘도 좋아지고 페이스 조절의 노하우도 생겨 앞으로도 거리는 조금씩 늘릴 생각이라고 합니다.

그가 해마다 2, 3개의 마라톤 대회에 참가할 정도로 달리기 예찬론자가 된 것은 육체적 정신적 건강에 도움이 될 뿐만 아니라 그 과정에서 교훈도 얻을 수 있기 때문입니다.

우선 달리기는 체중 조절, 심폐 기능 강화, 장 기능 활성화 등을 통해 하루 일과를 소화하는데 필요한 건강한 체력을 유지시켜 줍니다. 또한 정신 건강에 특히 이롭습니다. 반복되는 일상 업무를 하다 보면 누구나 스트레스를 받게 되는데 아침 달리기를 통해 땀을 흘리고 목표한 거리를 완주하다 보면 상쾌함과 행복감이 머리를 맑게 해주면서 하루 일과에도 새로운 활력을 불어넣어 줍니다.

마라톤은 인내와 끈기의 교훈도 깨우쳐 줍니다. 처음부터 무리하게 뛰면 목표를 달성하지 못하고 중간에 지쳐 포기하기 쉽습니다. 따라서 자신의 건강 상태와 거리를 고려해 적절히 속도를 조절해야 완주할 수 있습니다.

우리네 인생도 이와 다를 바 없습니다. 목표를 달성하려고 서두르고

무리하기보다 인내와 끈기를 가지고 최선을 다해야 합니다.

'달리기를 시작하는 것은 평생 좋은 친구를 하나 얻는 것과 같다'고 했습니다. 달리기를 계속하면 교훈과 함께 몸과 마음의 건강도 얻을 수 있을 것입니다.

탱크도 가다 서면 고철이 된다

목회자들은 수면 시간이 항상 부족하다. 밤 열두 시에 잠이 들고, 새벽 네 시에 일어나 기도를 시작해야 하기 때문이다. 빠듯한 일상을 계속해서 되풀이하다 보니 일은 많고 휴식 시간은 턱없이 부족하다. 예배도 1부에서 5부까지 맡는데 예배를 한 시간 인도하면 아마추어 권투선수가 3라운드를 뛴 것처럼 피로하다. 이러한 예배를 일요일에 다섯 번, 평일에도 여러 차례 인도하다 보니 탈진 현상이 나타나지 않는 것이 오히려 이상할 정도다.

_정삼수(상당교회 담임목사)

탈진脫盡은 40대와 50대 초반의 사람들에게 주로 찾아오는데, 운동량이 부족하고 충분히 쉬지 못한 상태에서 몸을 계속해서 혹사하다가 기운이 다하여 쇠진하면 나타나는 현상입니다. 한마디로 누적된 피로가 쌓였을 때 나타나는 것으로 어느 한계를 넘어서면 그대로 쓰러지고 마는 것이 탈진입니다.

고무줄도 늘어날 수 있는 탄력의 한계가 있어서 그 이상을 늘리면 원래의 상태로 되돌아가지 못하고 끊어집니다. 탈진 역시 과로를 넘어선 단계로, 탱크도 가다 서면 고철이 되는 것과 마찬가지입니다. 때문에 휴식은 인간에게 반드시 필요하므로 시간과 체력 관리를 잘해야 합니다.

목회자가 된 이후 외길만 걷다 보니 정삼수 목사는 운동할 기회도, 자신의 몸을 돌볼 겨를도 없었습니다. 심지어는 안식년에도 편하게 쉬어 본 적이 없었습니다. 일반인이 보기에는 목사가 예배를 인도하는 모습이 편해 보일지 모르나 당사자는 정신적인 스트레스와 육체적인 노동이 곁들여져 훨씬 강한 피로감을 느낀다고 합니다.

그러던 어느 날, 쌓였던 정신적 육체적 피로가 한꺼번에 몰려왔습니다. 한번은 심장이 멎을 것 같더니 손을 움직일 수도 걸음을 걸을 수도 없는 지경에까지 이른 것입니다. 다음날 한의원을 찾아갔더니 '기진氣盡은 했지만 맥진脈盡은 아니다', 즉 '기氣는 다했지만 맥脈은 조금 살아 있다'는 진단을 내렸습니다.

탈진을 직접 경험해 보지 않은 사람은 이해하기도 어렵고 이를 대수롭지 않은 것으로 생각하기 쉽습니다. 그러나 탈진 상태까지 갔다가 건강을 다시 회복한다는 것은 생각처럼 쉽지 않습니다.

일단 탈진 상태에 이르면 삶의 의욕도 용기도 잃고 의식도 흐릿해집니다. 심장에 충격을 받아 온몸에 피가 통하지 않는 것과 같은 고통도 느끼게 됩니다. 탈진은 때로 우울증도 동반합니다. 잠을 못 이루고 힘이 없으니 호흡도 힘들고, 음식을 먹어도 소화가 안 되니 피가 잘 돌지 않고, 자율신경의 탄력이 줄어드니 숨이 가빠 하품도 자주하게 됩니다.

탈진 상태에 이르지 않으려면 평소에 자신의 체력 관리부터 잘 해야 합니다. 세상에서 가장 행복한 인생은 육체적 건강과 더불어 정신적 건강을 유지하면서 사는 것이기 때문입니다.

사람들은 운동으로 몸을 단련하고 건강을 지키는 일을 중요하게 생각합니다. 누구나 신체 운동의 중요성을 공감하고 있습니다. 하지만 이 세상에서 가장 행복한 인생은 육체적 건강과 더불어 정신적 건강을 함께 유지하는 것이기 때문에 정신적 운동인 독서를 곁들이는 것도 매우 중요하다고 할 수 있습니다.

담배를 끊어라

나는 의사로서 수많은 환자를 진료해 왔다. VIP도 여러 명 진료해 보았다. 그러는 사이 절실히 느낀 것이 있다면 건강보다 더 중요한 것은 없다는 것이다. 부(富), 권력, 명예, 대중적 인기 등은 잠시 머물다 스쳐지나가는 것에 불과하다.

수년 전 폐암에 걸린 인기 코미디언 이주일 씨가 국립암센터에서 치료를 받은 적이 있다. 폐암에 걸리면 85퍼센트 이상, 말 그대로 십중팔구는 죽는데 그것도 숨이 끊어지는 마지막 순간까지 자기만 고통스러운 것이 아니라 가족을 힘들게 하면서 죽어간다.

_박재갑(초대 국립암센터 원장)

'창 너머로 펼쳐지는 파란 하늘과 뭉게구름, 힘차게 창공을 가르며 나는 새들.'

시한부 인생을 살아가는 암환자의 입장에서 보면 길가에 핀 풀 한포기와 이름 모를 들꽃조차 생명의 빛을 발하는 모습에서 아름다움을 느끼며 '언제 다시 저런 세상을 볼 수 있을까' 하는 슬픈 생각에 잠길 때가 있을 것입니다.

그러나 상념想念에 젖어드는 것도 잠시, 잔인한 이야기로 들릴지 모르나 말기 암 환자들은 죽음을 맞이해야만 비로소 육체적 고통에서 완전히 벗어나게 됩니다.

코미디언 이주일 씨가 처음 국립암센터에 왔을 때 그는 담배 때문에 폐암이 걸린 것이 아니라고 주장했습니다. 박재갑 원장은 그가 잘못 알고 있다는 사실을 암 조직 형태에 따라 원인 분석을 해준 뒤에 만병의 근원인 담배의 해악에 대해서 상세히 알려주었습니다.

이런 분들이 금연 캠페인을 하면 홍보 효과가 대단히 크기에 "살아 있는 동안 좋은 일을 해달라"고 요청했더니 출연료도 받지 않고 캠페인에 흔쾌히 동참해 주었습니다.

코에 호스를 끼고 초췌한 표정으로 텔레비전에 모습을 드러낸 이주일 씨는 국민에게 '담배는 독약이니 절대 피우지 말라'고 열정적으로 호소했습니다. 상암월드컵경기장에 나와 마지막으로 월드컵 축구를 보던 이주일 씨의 꺼칠한 얼굴 표정이 카메라에 잡혔을 때 많은 사람들이 흡연의 폐해를 절감하며 담배를 끊었습니다.

지금 이 시간에도 세계인구 중 13억 명이 담배를 피우고 있고, 매년 490만 명은 담배로 죽어가고 있습니다. 한국은 1,300만 명이 담배를 피우고 있으며 연간 4만 9,000명이 담배 때문에 생긴 뇌혈관 질환, 심장혈관 질환 등 각종 질병으로 목숨을 잃고 있습니다. 6만 4,000여 명이 암으로, 그중에서도 30퍼센트인 1만 9,000명은 담배 때문에 암에 걸려 죽어가고 있습니다.

영화배우 게리 쿠퍼와 만화영화의 아버지 월트 디즈니, 말보로 담배의 광고 모델이었던 존 웨인, 웨인 맥클레인, 율 브리너 등은 모두 폐암으로 숨진 외국의 유명인사입니다. 이 외에 재즈연주자인 루이 암스트롱과 무어, 레너드 번스타인, 클라크 케이블, 재즈피아니스트 냇 킹 콜, 딘 마틴 등도 폐암으로 목숨을 잃은 사람들입니다.

담배로 인해 죽는 사람이 교통사고 사망자 수보다 일곱 배나 많은 상황에서 암 발생과 사망률을 크게 줄이려면 이 땅에서 담배를 사라지게 하는 방법밖에 없습니다.

담배는 말 그대로 독극물입니다. 담배를 피우는 행동은 자동차 머플러에 호스를 꽂아 코에 대고 배기가스를 그대로 마시는 것과 다를 바 없습니다.

건강을 잃으면 모든 것을 잃는다

1979년 5월, 다니던 회사를 그만두고 새로운 사업을 막 시작했을 때다. 감기 증세가 있어 약을 먹었는데도 좀처럼 낫지 않아 병원에 갔더니 '급성간염'이라는 진단이 내려졌다. 바로 입원했지만 2주가 지나도록 병세가 호전되지 않았다. 큰 병원으로 가는 것이 좋겠다는 의사의 권유에 따라 경희의료원으로 옮겼다. 그곳에서 내린 병명은 '아급성간괴사'였다. 환자의 절반은 죽고 절반은 만성간염으로 변한다는 무서운 병이었다.

_정구용(인지그룹 회장)

정구용 회장이 아급성간괴사로 입원한 당시는 의료보험도 없을 때였습니다. 병원에 있으려니 병원비 걱정하랴, 가족들의 생계를 걱정하랴, 어찌해야 할지 막막하기만 했습니다. 게다가 병원에 있는 동안 전 세계적으로 오일쇼크가 일어났는데, 석유 값이 한번에 60퍼센트 이상 치솟는 엄청난 경제적 소용돌이 때문에 국내 기업들이 정신 못 차리던 상황이었습니다.

그가 다니던 부품회사도 상황은 마찬가지여서 부장 네 명, 과장 열두 명 가운데 부장은 전체를, 과장은 반 이상을 구조조정 해야 할 만큼 최대의 경제 위기를 맞게 되었습니다.

정 회장은 그 무렵 할아버지와 부모, 아내, 동생 등 한집에서 아홉 식구가 함께 어렵게 살고 있었는데 동생과 둘이서 가족의 생계를 책임져야 하는 상황에서 병원에 누워 있으려니 답답하기만 했습니다. 그러나 그의 상태는 간이 나빠지면 황달이 오고 얼굴이 까맣게 변하면서 복수腹水가 차는 상황이 계속 반복되던 터라 이를 방치하면 석 달밖에 살지 못한다는 의사의 사형선고가 내려질 정도였습니다.

그렇게 시간이 흘러 한 달이 지났지만 상태가 좋아질 조짐이 보이지 않자 그는 늘어가는 병원비 때문에 조바심이 생겼습니다. 마지막에는 자포자기의 심정이 되어 "병원에서 죽느니 차라리 가족을 위해 퇴원해서 다른 방법을 찾아보겠다"고 말했습니다. 그러자 담당 내과 과장은 "사업은 실패해도 재기할 수 있지만 몸은 한 번 실패하면 모든 게 끝이니 내가 하자는 대로 맡겨 달라"고 단호하게 말했습니다.

다행히도 시간이 지나면서 담당 의사의 정성이 통했는지 병세는 조금씩 누그러졌습니다. 그 뒤에도 그는 고가약품인 인터페론 항암제를 하루에 한 병씩 한 달 동안 쉬지 않고 꼬박꼬박 맞았습니다. 그리고 수시로 경희의료원과 한양대학교 병원을 오가며 입원과 통원치료를 했습니다.

한양대 병원에 입원해 있는 동안 할아버님은 그가 힘들어하는 모습을 보시고 당신은 불편하시다는 말씀조차 못하시다가 며칠 만에 세상을 하직하셨는데, 그는 지금도 그 일을 생각하면 눈시울이 뜨거워진다고 말합니다.

그러나 오랜 투병생활은 그로 하여금 적당한 운동과 절주, 금연 등 좋은 습관을 몸에 배게 하는 순기능으로 작용했고, 지금은 건강도 완전히 되찾았습니다.

이처럼 역경을 역경으로 생각하지 않고 내가 딛고 일어서야 할 디딤돌로 생각한다면 더욱 건강한 신체를 얻을 수 있게 될 것입니다.

몸을 건강하게 관리하는 것이 마음의 평화를 얻는 길이고, 일의 능률을 높이는 것이고, 인간관계를 원만하게 하는 길이다.

—김형경, 『사람 풍경』 중에서

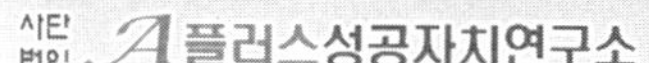

■ 사단법인 에이플러스성공자치연구소가 하는 사업

1. 지방자치 발전을 위한 각종 세미나, 학술회의 개최 및 국내외 연수

2. 지방자치 발전을 위한 단체 및 개인을 대상으로 한 교육사업

3. 본 연구소의 설립목적 달성을 위해 필요한 강사 양성사업

4. 국내외 연구기관과의 공동 연구 및 협력·교류

5. 공공기관 및 기업체 등의 연구용역

6. 지방자치 관련 저서, 월간지 등 각종 자료의 발간 및 배포

대한민국 **성공코드**

초판 1쇄 인쇄 2009년 10월 15일
초판 1쇄 발행 2009년 10월 20일

지은이   정문섭
펴낸이   김환기
펴낸곳   도서출판 이른아침

주 소   서울시 마포구 마포동 324-3 경인빌딩 3층
전 화   02-3143-7995
팩 스   02-3143-7996
등 록   2003년 9월 30일 제 313-2003-00324호
이메일   book@booksorie.com

ISBN   978-89-93255-37-9 03320